아들아, 미국주식 이렇게 하지 마라

아들아, 미국주식 이렇게 하지 마라

이야기로 배우는
미국주식 대가의
탄탄한 투자 지혜서

이주택 (미국 럿거스 로스쿨 종신교수) **지음**

프롤로그

    2025년 1월, 트럼프 행정부가 들어선 이후로 전 세계의 도덕적 기준과 가치가 흔들리고 있다. 트럼프의 관세 인상과 전 세계 제조업을 미국으로 불러들이려는 노력은 오히려 미국 중심의 세계 질서에 변동을 가져오고 있다. 이미 중국이 강력한 패권국으로 등장하고 있고, 유럽 연합의 움직임 또한 다자적 세계 질서로의 변화를 가져오고 있다. 국제 경제에서도 브레튼우즈체제Bretton Woods System가 무너지며 형성되었던 달러 중심의 질서도 무너져버리고 엔화, 스위스 프랑, 유로화 등으로 전 세계의 돈이 움직이고 있다. 미국 국채가 가장 안전하다는 인식 또한 미국의 심각한 부채 문제로 인해 조금씩 사라지고 있다.

2025년 전반기에 칠흑같이 어두운 불확실성의 터널을 지나면서 아주 멀리 보이는 조그만 불빛에 희망을 걸어보려고 노력하고 있다. 국제 정치와 경제적 변동 속에서도 4차산업혁명이 이어지고 있는 것이 그 불빛이 아닌가 한다. 2015년경에 시작된 4차산업혁명은 이미 완성기에 도달하고 있다. 그렇다면 4차산업혁명과 함께 시대의 흐름을 타고 있는 우리는 무엇을 바라보고 지금의 격변기를 맞이해야 하는 것일까? 국제 정치와 경제의 변동시기에 찰나의 호재와 악재에 흔들리지 않고 회사의 펀더멘털Fundamental을 보고자 하는 투자자들이 붙잡아야 하는 것은 무엇일까? 이 책에서는 미국 주식 투자자들이 투자에 성공하기 필요한 가장 중요한 원칙과 전략, 전술, 기술들을 우화에 빗대어 쉽게 풀어냈다. 또한 이전에 출간한 《다시 오는 기회, 미국 주식이 답이다》에 이어 4차산업혁명 시기에 가장 유망한 4개의 산업분야와 종목들을 다뤄보았다.

인간은 반복적인 실수를 한다. 주식투자에 있어서도 그렇다. 근본적인 이유는 목적이 없고 원칙이 없으며 그에 걸맞은 적절한 전략이 없기 때문이다. 몇 년을 투자해도 미디어에서 나오는 호재와 악재만 따라다니다 보면 남는 건 손해가 난 마이너스 계좌일 것이다. 문제가 있을 때 메타인지 능력을 키워 본인이 무엇을 잘못하고 있는지 큰 틀안에서 분석해볼 필요가 있다. 모든 것을 갈아엎어 개인의 성향과 투자 이론을 분석하고, 정보 분별력을 키우고 시장을 보는 패러다임을 바꾸는 등 많은 부분을 보완해 다시 처음부터 주식시장을 공부하는 것이 중요하다. 그런 면에서 이 책은 다시 시작하려는 이들에게 큰 도움을 줄 수 있을 것이다.

당연하게 찾아오는 주식시장의 조정과 폭락은 처음 있는 일도 아니지만 아무리 겪어도 힘들다. 주식시장에는 위험이 항상 존재한다. 변화무쌍한 주식은 경제나 수학, 과학 이론으로 풀 수 없는 예술과 심리의 영역이다. 이 책은 이러한 주식시장에서 어떻게 해야 돈을 잃지 않고 수익을 낼 수 있을까 하는 근본적인 질문을 던지고 해결책을 제시하고자 한다. 기준을 어디에 두고 무엇을 어떻게 해야 잃지 않는 투자를 할 수 있을까? 즉, 이 책에서는 가치투자자라면, 성장투자자라면, 적립식 투자자라면, 또는 모멘텀 투자자라면, 하고 여러 가지 방면으로 다양하게 전략을 대입해 보면서 롤러코스터 타듯 변동성장세가 펼쳐지는 혼란스러운 주식시장에서 어떤 전략이 돈을 벌 수 있게 해주는 가장 유효한 전략일지 고민해 보았다.

첫 번째 책 《딸아 주식 공부하자》가 미국투자 주식 개론서라면, 두 번째 책 《다시 오는 기회, 미국 주식이 답이다》는 나의 미국에서의 인생을 이야기하고 피터 린치식으로 미국 문화를 다루어 독자들을 친근하게 미국 주식에 접근하게 도와주었다. 세 번째 책 《수민이의 미국주식 투자스토리》는 30대에 적립식으로 투자하는 주인공을 통해 30년을 내다보고 장기투자자의 안정적인 투자 시작방법과 계절에 맞는 다양한 전략적 자산배분 방법, 매매 기법들을 보여주었다.

이번 네 번째 책은 플로리다 마이애미에 살고 있는 모험심 강하고 성격 급한 변호사가 주식을 하며 실패한 경험담을 바탕으로 주인공의 많은 문제점들을 지적하고 이를 해결하며 교훈을 주려고 노력하였다. 주식투자는 위험한 투자이다. 이런 위험한 투자를 하는 주식 투자자들에게 이 책에서는 가장 위험한 것이 무엇인지, 어떻게 주식투자에서 망할 수 있는지를 소설의 형식을 통해 보여주고사 했다. 〈반교수의 미국투자스토리〉 유튜브를 통해 가상현실 세계에서 반교수와 대화를 하며 자신의 그동안의 실수를 깨닫고 모든 것을 털어내고 인생과 주식을 다시 시작하고자 하는 성장하는 주인공을 그려내었다. 실패해서 아프지만 그것이 곧 끝은 아니라는 것을 보여주고 절망스러운 바닥에서 탈출하는 주인공의 모습을 통해 많은 사람들이 희망을 받고 새롭게 시작하길 바라는 마음이다. 원대한 꿈을 꾸고 미국으로 유학을 갔지만 인종차별 등 여러 벽에 부딪히고 주식까지 실패하며 은

둔형 외톨이가 될 뻔한 주인공과 함께 많은 이들이 다시 일어서기를 바란다.

2025년 6월
뉴저지 테너플라이에서
이주택

Table of Contents

◆

프롤로그
· 4 ·

이상한 나라의 앨리스: 모험의 시작
· 12 ·

백설공주와 마녀
· 25 ·

점쟁이의 예언
· 45 ·

토끼와 거북이
· 54 ·

아기 돼지 삼형제
· 74 ·

전쟁 삼국지: 전략
· 86 ·

개미와 베짱이
· 91 ·

황금알을 낳는 거위
· 101 ·

빨간 망토: 양의 탈을 쓴 늑대
· 108 ·

양치기 소년
· 114 ·

우물 안 개구리
· 118 ·

고래싸움에 새우등 터진다: 국제 정치·경제 상황에 대한 이해
· 122 ·

꽃들에게 희망을: 똑똑한 사람 지혜로운 사람
· 134 ·

마지막 일기
· 183 ·

에필로그
· 186 ·

이상한 나라의 앨리스
: 모험의 시작

 뉴욕의 부자들이 은퇴 후 가장 많이 자리잡는 곳, 블링블링한 장신구와 화려하고 밝은 색상의 옷이 잘 어울리는 플로리다 마이애미. 그곳에서 헤밍웨이의 집이 있는 미국 남쪽의 마지막 섬, 키웨스트Key West로 가는 120마일의 길은 여러 개의 섬들이 다리로 이어져 있고, 그 길목에 첫 번째로 만날 수 있는 섬 키라고Key Largo가 있다. 나는 지금 멕시코 만 방향으로 서쪽에 있는 쉐라톤 호텔 옆 키라고의 바닷가에 멍하

니 홀로 앉아있다. 흰 구름 떠 있는 파란 하늘을 배경으로 고요한 바다가 펼쳐져 있다. 무릎 정도밖에 오지 않는 얕은 수면 속으로 하얀 모래들이 에메랄드 빛 바다를 만들어낸다. 물 근처에만 있어도 뇌에 긍정적인 영향을 미친다고 들었는데, 평온한 바다를 보고 있으니 어지러웠던 마음이 많이 안정이 된다. 마음이 폭풍우에 휘몰아치는 파도처럼 혼란스럽고 우울해 마이애미 사우스웨스트 40번가 버드로드에 있는 답답한 아파트를 무작정 뛰어 나와 한 시간이나 차를 몰고 이곳까지 와서 멍하니 앉아 있다.

　미국이란 나라는 내가 살았던 한국과는 전혀 다른 이상한 나라이며 나는 앨리스가 되어 처음 경험하는 세상에서 20대 후반의 나이에 모험을 시작하였다. 바다를 꿈꾸며 담배 한 개비와 녹는 아이스크림 들고 길을 나선 달팽이의 모험처럼 더 큰 물로 인생의 도박을 했다. 내 이름은 주스Juice다. 로스쿨에서 쿠바 친구들이 지어준 별명이자 영어이름이다. 이상한 나라에서 모험에 성공하여 다양한 지식과 경험을 쌓고 결국 서른 초반의 나이에 마이애미 근처에서 플로리다 7만 명의 변호사 중 한 명이 되었다. 하지만, 대형 로펌에 취직하는 데는 실패했고, 5명이 일하는 조그만 로펌에서 일하며 간간히 들어오는 사건으로 연명하는 가난한 비즈니스 변호사로 겨우 생존하고 있다. 한국에서는 명문대를 나왔지만 미국에서는 간신히 50위권에 꼽히는 로스쿨을 졸업했고, 20대 후반에 유학을 나온 터라 영어도 잘 못해 취업하기가 힘들었다. 유학 와서 한국에서 모아둔 돈을 모두 쓰고 부모님에게까지 빚을 져서 이제는 빈손으로 한국으로 돌아가기에도 부모님 얼굴 보기가 민망한 지경이다. 이제는 한국 로펌도 아이비리그는 나와야 명함을 내밀 수 있어 재취업도 힘들다. 내 인생에 부모님 은퇴자금까지 얹어 도박을 해봤지만, 결과는 형편없었다. '아직은 젊잖아' 하며 위로하기엔 너무 멀리 와버렸다. 그것도 유리천장이 겹겹이 쳐진 남부의 백인 중심 사회로.

20대에 살던 한국에서 나는 사람을 좋아해 술도 많이 마시고 게임도 좋아하고 내기도 좋아하던 사람이었다. 인생 뭐 있어 한방인데 하며 과외로 번 모든 돈을 주식으로 단타

치며 탕진하고, 유흥비로 날려버리는데 정신이 없었다. 그러던 내가 정신차리고 부모님께 손 벌려 그나마 학비가 싼 플로리다의 주립대로 유학을 나와 미국 변호사로 성공을 꿈꾸며 내 인생 최대의 도박을 했지만, 결과는 처참할 뿐이다. 앞으로 1년도 채 남지 않은 취업비자를 연장도 해야 하고 영주권으로 바꿔야 하는데, 지금 회사에서는 적극적으로 도와주지 않고 있다. 내게 남겨진 시간은 너무나도 부족하다. 이민 1세대의 고통은 학벌과 상관없이 재정과 이민 문제에서 찾아온다는 것을 너무 늦게 깨달았다.

나는 인생에 복권과 같은 도박과 카지노에 가서 게임을 많이 했지만 운이 안 좋은지 한번도 성공한 적이 없다. 이미 알면서도 나는 왜 자꾸 도박을 하는 걸까. 그냥 도파민에 취해 중독이 되었던 걸까. 유학을 나온 첫 해가 끝난 다음 해 여름방학에 미국으로 함께 로스쿨을 온 스터디 후배들과 라스베가스에 놀러 간 적이 있다. 한국에서는 강원랜드에 가본적이 없어 처음으로 경험하는 신세계라 영화 속에서나 나오는 주사위 두 개를 커다란 탁자에 던지는 크랩스craps 게임을 해봤는데, 너무 재미있었다. 7이나 11이 나오면 베팅한 돈의 두 배를 주는데, 누군가 7이나 11을 던지면 탁자에 둘러싼 모든 사람들이 함께 환호하며 좋아했다. 친구들과 적당히 놀다가 호텔로 들어왔는데 그 기쁨이 잊히지가 않았다. 나는 혼자 호텔방을 빠져나와 다시 테이블로 갔고 그곳에서 남아 있는 사람들과 계속 주사위를 던졌다. 지나가는 직원은 위스키를 무료로 계속 주었다. 오랜만에 먹은 술에 취한 나는 이성적 생각을 할 수 없었고 돈도 다 잃고 기분이 나빠졌다. 라스베가스에서 술을 주는 데는 이유가 있었던 걸 나중에야 알았다. 친구라도 같이 있었으면 말렸을 텐데, 누군가 말리지 않는 상황에서 자제력은 이미 잃어버렸다. 바로 뒤에 있는 현금 인출기에서 돈을 계속 빼서 잃어버린 돈을 만회하려고 했다. 하지만, 술에 취하고 감정적이 되고 이성을 잃은 채로 돈은 계속 빠져나갔다. 결국 통장에 있는 모든 돈을 인출해 전부 잃을 때까지 게임을 했고, 결국 모두 거덜나고 호텔방으로 돌아왔다. 취한 채로 침대에 누웠지만, 플로리다로 돌아가서 돈 없이 생활할 것에 대한 걱정과 후회가 함께 밀려오며 잠을 제대로 자지 못했다. 근처 레드락 마운틴 같은 곳에 다음날 놀러갔지만 아무것도 눈에 들어오지 않았다. 친구들에게 창피해서 말도 못하고, 쓸쓸하게 집으로 돌아오는 길 라스베가스 공항에도 슬롯머신들이 놓여 있었다. 혹시나 하는 마음에 남은 달러도 모두 코인으로 바꾸고 버튼을 눌러봤지만, 그 마저도 모두 잃었다. 집으로 돌아와 아는 선배에게 돈을 빌려 생활을 했고, 다시는 도박을 안 하겠다고 다짐했다.

하지만, 도박은 라스베가스 같은 곳에서만 할 수 있는 것이 아니었다. 인터넷만 들어가도 나를 유혹하던 것들은 얼마든지 있었다. 주식판이라 불리는 주식시장도 그 중 하나였다. 졸업을 하고 처음으로 마이애미에서 직장을 잡은 나는 첫 월급과 함께 2십만 마일이나 타던 89년형 토요타 캠리를 트레이드인하고 벤츠 C클래스를 60개월 할부로 구입하였다. 여러 개의 카드에 빚도 잔뜩 있었는데, 멋진 연애도 해볼 겸 일단 벤츠를 타고 싶었다. 결국 그렇게 카푸어 Car Poor 의 인생도 시작했다. 한국에서 유학 나오기 전 4년간 단타를 하던 경험을 발판삼아 미국 주식도 시작하였다. 유학 와서 쓴 돈과 부모님께 진 빚 포함 미국에서 쓴 돈 2억 원 정도의 돈을 빠르게 회복하는 방법은 역시 주식이라고 생각했다.

　2년 정도 일해 401K 은퇴자금에 모여 있던 돈을 10% 벌금을 물고 인출한 2천만 원 정도와 카드 빚 천만 원을 내어 3천만 원 정도를 만들 수 있었다. 2023년 1월부터 시작된 생성형 AI의 유행과 함께 반도체와 기술주들은 계속 올랐고, 특히 2024년 중순까지 미국 주식시장은 불타올랐다. 공부도 없이 아무것도 모르던 나는 우연히 들어간 유튜브에서 소개해준 종목인 SOXL과 TQQQ 3배짜리에 반반씩 모두 넣어서 소위 몰빵이라는 것을 했다. 2024년 7월까지 나의 주식은 400%, 5배나 상승하였고, 추가적으로 넣은 월급까지 순식간에 2억이 되었다. 너무 기쁘고 행복했다. 나의 유학생활에 투자한 모든 돈이 순식간에 회복되는 순간이었다. 자신감이 넘쳤고, 나는 같은 로스쿨을 나온 나의 베프들인 폴, 저스틴, 존을 만날 때마다 기분 좋게 밥과 술을 사며 3천으로 2억을 만든 것을 자랑을 하였다. 친구들도 나를 따라 SOXL과 TQQQ를 샀다. 내 인생 최고의 순간이 아니었나 싶다. 나의 욕심은 여기에서 끝나지 않았다. 3억이 있었다면 15억도 만들 수 있었겠지 하는 생각이 문득 떠올랐다. 나는 주식담보대출인 마진을 써서 1억 정도의 SOXL과 TQQQ를 더 사서 3억을 만들었다. 이대로 가면 3억의 자산이 내년이면 10억이 되어 곧 은퇴도 가능하고 한국으로 떳떳하게 금의환향할 수 있겠다 싶었다.

2024년 7월 독립기념일이 지나면서 나의 모래성은 조금씩 무너지기 시작했다. 7월 10일 68.59달러로 고점을 찍은 SOXL은 8월5일 블랙먼데이까지 60% 가까이 하락을 하였다. 주식시장은 침체와 앤 캐리 청산 공포로 10% 가까이 빠졌지만, 3배짜리 주식은 반도체 주식들의 하락과 함께 60% 가까이 떨어진 것이다. 물론 나는 50% 가까이 주식 담보 대출을 했으므로 반대매매가 들어오며 SOXL주식들이 강제 청산이 되었고 -35% 떨어진 TQQQ와 함께 1억 4천만 원만이 남게 되었다. 빚과 마진을 합쳐 8천 5백만 원이 있는데, 결국 내 돈은 5천 5백만 원밖에 안 남게 되었다. 그동안 벌어 놓은 모든 수익이 거품처럼 사라졌다.

하지만 여기에서 끝나지 않았다. 손실을 입었을 때 레버리지를 이용해서 방어를 하라는 유튜브 영상을 보고 계속하여 레버리지를 들고 갔었다. 언젠가 다 회복하겠지 하는 마음에서였다. 2024년 11월 5일 트럼프가 당선되며 미친듯이 올라가던 주식시장은 다시 나를 흥분시켰다. 하지만, 이도 잠시였다. 2025년 2월 말부터 4월 21일까지 8주간 주식시장은 역대급 폭락을 하였고, SOXL은 70% 추가 하락, TQQQ마저 20% 추가 하락을 하며 내 주식들은 강제 청산되었다. 그나마 3천만 원 남아 있던 SOXL은 천만 원까지 떨어졌고, 남은 돈은 총 3천 4백만 원 정도 밖에 안 남게 되었다. 이자, 수수료, 빚을 빼면 2천만 원이 남았었다. 그저 만회하고 싶었을 뿐이었다. 마진 빼고도 2억까지 올랐던 나의 자산이 2천만 원까지 떨어지니, 너무 허무했다. 원래 내 것이 아니었던 돈은 상관은 없었지만, 월급으로 추가적으로 넣었던 2천만 원은 고스란히 날아가버렸다. 마음이 너무 아팠다. 지금 돌이켜 생각해보면 처음 5천 5백만 원이라도 있었을 때 멈췄어야 했다. 레버리지로 방어하라는 이상한 말을 하는 사람을, 나처럼 2023년에서 2024년까지 운이 좋아 몇 십억씩 돈을 벌었다는 사람의 인터뷰를 거리낌 없이 믿었다. 만회하고자 하는 마음, 원래 자산인 2천이 아니라 2억이 내 돈이라는 착각, 3천으로 2억을 만들었던 도파민이 충만했던 좋은 기억과 그것을 이룬 건 내 실력이라는 착각, 이 모든 것이 합쳐져 나는 결국 마지막 사고까지 치게 되었던 것이다.

나는 돈을 만회하기 위해 친구 폴에게 2천만 원을 빌려서 다시 주식시장으로 들어갔다. 트럼프의 4월 2일 상호관세 정책으로 시장은 3일간 12%이상 떨어지며 4월 7일까지 폭락을 하였고, 계속 더 떨어질 것만 같은 확신이 들었다. 남은 돈 2천만 원과 친구에게 빌린 돈 2천만 원을 합쳐 4천만 원어치 하락에 배팅을 하는 3배 레버리지 SQQQ에 몽땅 베팅을 하였다. 하지만, 결과는 참혹했다. 주식시장은 롤러코스터처럼 오르락내리락하더니 4월 21일에 다시 바닥을 찍은 이후로 5월 2일까지 9일 연속 상승하며 나의 주식은 45%나 하락을 하였다. 결국 2천 2백만 원만이 남았고, 나는 견디지 못하고 모두 정리하여 폴에게 2천만 원을 갚았다. 결국 내 수중에는 2백만 원만이 남았다. 원금의 95%가 날아가버렸고, 5%만 남은 셈이다. 나를 따라 3배 레버리지를 산 친구들도 모두 돈을 잃었다. 친구들은 괜찮다고는 했지만, 나는 미안한 마음에 한동안 그들과 연락을 끊었다. 라스베가스에서 처음 모든 돈을 잃었을 때와 다른 것은 없었다. 나는 또 주식시장이 아닌 주식판에서 도박을 했고, 무지성으로 누군지도 모르는 유튜브를 구독자 수만 보고 믿었고, 목적도 기준도 없이 욕심을 지나치게 부렸고, 겸손하지 못하고 자신감이 넘쳐 확신을 했고, 빚을 내고, 감정을 절제하지 못했으며, 중간에 손절하고 빠져나오지도 못할 정도로 중독됐었고, 친구들까지 끌어들이며 결국 모든 것을 잃었다.

지금 이렇게 키라고 해변에 앉아 수평선 끝을 바라를 보고 있으니 모든 것이 다시 원점으로 돌아온 기분이다. 긍정적인 것은 나는 아직 직장이 있고, 빚은 얼마 없으며, 당분간 한국으로 금의환향하지는 못하겠지만 나는 아직 젊고 시간은 많다는 것이다. 이문열은 《젊은 날의 초상》에서 갈매기는 계속 날아야 하고 사람은 계속 살아야 한다고 했다. 절망은 인생의 끝이 아니라 새로운 희망의 시작이라고.

지난 4년간의 시간이 아깝긴 하지만, 일단 경험도 해봤고, 다시 시작해 봐야겠다고 다짐한다. 처음부터 다시. 나는 멈춰 있지 않고 성장하는 사람이다. 실패는 나를 더 강하게 만들고, 나를 성장시킨다. 다시 나를 돌아보고 내가 어디부터 무엇을 잘못했는지 찾아봐야겠다.

복잡했던 머릿속이 정리되자 나는 석양을 뒤로하고 마이애미 집으로 돌아왔다. 씻고 간단히 라면으로 저녁을 때우고 탁자에 앉아 유튜브를 이것저것 검색해 보았다. 이전에 SOXL과 TQQQ를 추천해준 유튜브는 바로 구독취소를 하고 다른 유튜브를 찾아보았다. 이것저것 찾아보던 중 머리에 헤드폰을 쓰고 하얀 피부에 30대의 이서진처럼 보이는 분의 인터뷰를 보게 되었다. 럿거스 대학교 종신 교수이신 반교수님이 예측하지 말고, 타이밍 재지 말고, 적정주가 기준을 얘기하며 좋은 주식을 그보다 싸게 사야 된다는 얘기를 하시는데, '아 이거구나' 하는 깨달음을 얻게 되었다. 내가 무엇을 잘못했었는지 조금씩 답을 얻었고, 시간은 걸리겠지만 나도 다시 부자가 될 수 있을 거라는 희망과 확신이 들었다. 이때부터 나는 반교수님의 라이브 유튜브에 들어가 무료로 교육을 받기 시작하였다. 물론 2달러짜리 가성비 좋은 멤버십도 가입하였다.

   교수님은 라이브 중 나의 질문에 언제나 친절하게 대답해 주시며 설명도 잘하셨다. 가끔씩 부르시는 노래가 적응은 안 되었지만 자꾸 듣다 보니 우울함은 사라지고 기분도 좋아지고 투자하는 데 조급함도 사라지고 마음이 많이 편해졌다. 주가와 상관없이 아침마다 듣고 있으면 타향에 혼자 떨어져 있어 외롭다는 생각이 안 들고, 교수님과 주민들과 함께 동행하는 느낌이 들어 좋았다.

백설공주와 마녀

조금씩 더워지는 마이애미의 5월이다. 바닷바람이 항상 불어 여름에도 30도 까지밖에 오르지 않는다. 오늘도 나는 아침에 일어나서 10시까지 출근하기 전까지 피칸이 들어간 시리얼에 락토스를 빼 소화가 잘되는 우유를 부어 아침을 먹으며 반교수님 유튜브를 틀었다. 오늘도 5분 정도 일찍 들어가 "안녕하세요, 교수님 그리고 미투리 마을 주민들~" 하고 채팅을 치면서 시작했다. 나의 아이디는 '레인메이커rain maker'이다. 내가 좋아하는 존 그리샴John Grisham의 법률 소설 제목에서 따왔다. 나도 다시 일어나 사막에 비를 뿌리는 사람이 되고 싶어서 그렇게 지었다. 사실 반교수님이 나의 사막에 레인메이커 같은 분이 아니실까 하는 생각이 든다.

"교수님, 투자란 무엇입니까?" 나는 교수님의 시황 브리핑이 끝나자마자 가장 먼저 질문을 하였다. 노래 '플라이 투 더 문Fly to the Moon'을 부르신 후 궁금한 것을 물어보면 대답과 설명을 잘 해주신다.

"네 레인메이커님, 좋은 질문을 해 주셨습니다!"
교수님은 웃으시면서 대답해 주셨다.

"투자investment란 원래 돈을 이동시켜 은행에 돈을 저축saving하여 이자율을 얻는 것 이상의 경제적 수익을 창출하려는 것을 말해요. 결과적으로 좋을 수도 있고 나쁠 수도 있지만, 현재의 돈을 이용하여 더 큰 돈을 만들려는 것을 모두 투자라고 할 수 있죠. 투자를 잘하면 본인이 가진 돈의 파이pie

가 점점 커져서 큰 부를 이룰 수가 있지요. 부자가 되려면 이 파이를 줄이지 않고, 계속해서 인내심 있게 성장시키려는 노력이 필요합니다. 안전하게 부동산, 채권, 달러, 금에 투자를 하기도 하고, 조금 위험하게 사업에 투자하거나 주식이나 암호화폐 등에 투자를 하기도 하죠. 지금 2025년 현재 미국의 물가 상승률, 인플레이션이 2.8% 정도인데 은행이자가 그 이상을 주지 않으면 계속 손해가 나겠죠. 가만히 돈을 들고 있으면 나의 파이가 작아지겠죠. 그래서, 인플레이션을 이기기 위해 파이에 어떤 식으로든 계속 돈을 넣어주고, 어떤 식으로든 투자를 해서 파이를 성장시켜야 합니다. 그래야 안정적인 은퇴도 가능하고 꿈꾸던 인생의 목적도 이룰 수 있습니다."

"그러면 주식투자라는 것은 좋은 주식을 선택해 사서 돈을 불리는 것을 말하겠네요." 선택을 신중히 하실 것 같은 선택 님이 물으셨다.

"맞습니다, 선택 님. 주식투자는 한 회사에 대한 지분을 사서 그 회사가 수익을 잘 내면 주가가 올라가며 수익을 가져다주고, 그렇게 파이가 커져가게 되죠. 한 산업분야나 한 회사가 성장을 하면서, 직접 회사를 차리고 사업을 하지 않아도 주식share이라는 지분을 사고 주가가 올라가면 본인의 파이도 좋은 성장을 하며 부자가 되게 됩니다. 따라서 성장률이 좋은 산업분야나 좋은 기업을 잘 선택하여 투자하는 게 중요하죠.

따라서 주식을 사는 것도 큰 의미로는 투자의 하나라고 볼 수 있어요. 시냇가에 좋은 나무를 하나 심어서 나무가 자라면 열매를 맺게 되는데 그 열매를 수확하며 가져다 팔아 수익을 내게 되죠. 상장이전의 회사에 투자하거나 갓 상장한 초기 회사에 투자하는 경우라고 볼 수 있죠.

하지만 여기서 주의해야 할 것은 주식투자를 뭔가 새로운 영역이라고 생각하면 안 됩니다. 그냥 아무 주식이나 사서 오래 들고 있으면 오른다는 착각을 해서도 안 됩니다. 상장이전이나 갓 상장한 회사를 처음으로 사게 되면 투자겠지만,

주식시장에서 거래되는 주식을 사서 파이를 키우는 주식투자는 사과를 사고 파는 매매에 더 가깝다고 볼 수 있어요. 이미 누군가가 산 회사의 지분인 주식을 우리는 돈을 주고 양도 받게 되니까요. 비싸게 살 수도 있고 싸게 살 수도 있으므로, 싸게 사야 돈을 안 잃고 더 큰 수익을 낼 수 있습니다.

예를 들면 사과를 쌀 때 많이 사 놓았다가 나중에 비싸게 팔면 큰 수익을 낼 수 있죠. 5천 원짜리 사과가 작황이 너무 좋아 공급량이 늘어나면 사과과 흔해지므로 사과를 싸게 팔 수밖에 없게 되죠. 서로 경쟁이 치열해진 사과 판매상들은 사과를 4천 원 3천 원으로 할인하여 팔게 됩니다. 이럴 때 우리는 20%나 40%씩 할인하는 사과를 싸게 사서 보관 창고에 잘 보관합니다. 과수원은 사과가 너무 흔해져 공급량이 늘어나면 가격이 떨어져 수익성이 낮아지므로, 나중에는 사과를 생산하는 대신 복숭아를 많이 키우기도 하는데, 그러다 보면 어느 순간 사과의 공급량이 줄어들고 귀해져 가격이 올라갑니다. 아니면 어느 해에 사과 병충해가 심해져 공급이 부족해지기도 하고요. 그러다 보면 귀한 사과에 대한 수요도 늘어나고요. 또 어떤 때는 밀양의 얼음골 꿀 사과처럼 사과 맛이 너무 좋아져 사과를 찾는 사람이 많아지기도 합니다. 이런 저런 이유로 사과 값이 많이 올라 6천 원, 7천 원하게 되면 우리는 보관해 놓은 사과를 내다 팔아 이윤을 남기게 됩니다. 저는 이걸 열매를 딴다고 하죠.

이처럼 주식도 수요와 공급의 수급에 의해 가격이 결정되기 때문에 시장이 안 좋으면 주식을 파는 사람은 많고 사는 사람은 적어서 가격이 떨어지게 되고, 시장이 좋으면 주식을 파는 사람이 적어지고 주식을 사는 사람이 많아져 가격은 올라가게 됩니다. 특정 주식의 적정한 가격을 안다면 할인할 때는 조금 사두고 다시 비싸지면 팔면 수익을 남길 수 있게 되죠. 이것이 주식투자의 가장 기본적인 원리라고 보면 됩니다.

많은 사람들이 주식투자를 뭔가 다른 것이라고 생각하고 일단 주식계좌를 열자마자 좋다는 주식을 사고 시작하는데, 그러면 대부분 비싸게 살 확률이 높아요. 보통 주식을 처음 시작하는 주식어린이, 주린이들은 주식시장이 좋을 때 들어오는데, 이때는 주식들이 대부분 적정가격보다 높거든요. 처음에는 시장이 올라가는 분위기라 계속 수익을 내는 것처럼 보이지만 결국 과열된 시장은 다시 꺼지며 내려오기 마련이거든요. 주식시장은 매년 10% 가까이는 한 번씩 빠지고, 1~2년에 한 번은 10% 이상 조정이 오고, 6년에서 10년에 한 번은 20% 이상 폭락을 하는 경향이 있는데, 결국에는 사과 가격 5천 원처럼 적정한 주가 근처나 그 밑으로 떨어지게 되죠. 이러면 높은 가격인 고점에서 산 주린이들은 크게 당황하고 손실을 보게 됩니다. 당연히 회복하는 데 걸리는 시간도 손해를 보고요. 주린이들은 주가가 올라가는 시장에서는 계속 올라갈 것 같아서 열매를 따야 하는데 오히려 주식을 사는 실수를 하죠. 누군가가 수익실현을 하며 비싸게 파는 주식을 사주는 것입니다. 또 주린이들은 폭락하여 떨어지는 시장에서는 계속 떨어질 것 같아 주식을 싸게 팝니다. 누군가는 비싸게 수익실현한 돈을 가지고 있다가, 싼 주식을 줍줍*하는데 이를 위해 주린이들이 싸게 팔아주는 거죠. 비싸

- '주워간다'는 의미. 주식 거래자들이 흔히 쓰는 인터넷 용어.

게 사고 싸게 파는 현상이 반복되며 주린이들은 시장을 떠나게 됩니다."

"교수님 저는 싸게는 잘 사는 편인데, 열매 따는 게 너무 어렵습니다. 열매를 꼭 따야 하는 건가요? 언제 따야 하죠?" 미투리 마을에서 2년 가까이 교육을 받고 있는 부산시는 젠틀맨 하우스님이 질문을 이어갔다. 그 집 강아지 이름이 젠틀맨이라고 한다.

"좋은 질문이에요, 젠틀맨님. 주린이를 벗어나면 사는 건 과학이라 공포에 잘 사지만, 파는 건 예술의 영역이라 고수의 영역이라고 볼 수 있죠. 주식시장은 우상향한다고 가정하기 때문에 잘못 팔았다 다시 줍줍을 못하면, 다시는 그 주식을 사기 힘들어진다는 두려움을 이기기가 힘들죠."

"우리 백설공주의 독사과 이야기를 한번 해볼까요. 왕비가 비싼 사과를 순진한 백설공주에게 판다고 생각하는 거죠. 싸게 누군가에게 사과를 사 놓았다가, 사과나무를 키워 나무에 사과가 주렁주렁 열리던 사과의 주가가 올라오면 너무 기쁘죠. 하지만, 주가는 그리 오래가지는 않아요. 주식시장은 여러가지 요소에 의해 좋아졌다가도 예상치 않은 변수에 의해 다시 나빠지거든요. 우리는 이것을 위험이라고 부르죠. 따라서, 사과는 높은 가격에 따지 않고 팔지 않으면 꼭 썩게 됩니다. 먹으면 배가 아픈 독사과로 변하죠. 길어야 몇 달 정도 갑작스런 시장의 호황이나 산업분야나 그 주식의 호재로 사과 주가가 일시적으로 많이 올라가게 되죠. 과열됐다고도 하고 과매수됐다고도 하죠. 거품이 끼었다고도 하고요. 너무 좋아서 너도 나도 사과를 갖고 싶어해서 사과를 마구 사게 되죠. 이렇게 비싸게 사람들이 사과를 사줄 때 마녀 왕비는 사과를 수확해서 정체를 감추고 대부분의 사기꾼들처럼 전혀 해를 끼치지 않을 것 같아 보이는 할머니로 변신해 비싸게 순진한 백설공주에게 팔게 됩니다. 왕비는 유혹을 하죠. '앞으로 사과가 만 원까지 더 올라갈 거야' '지금 사과가 빛깔이 너무 좋아! 품질도 최상이고!' 하며 사과를 비싼 가격에도 사게 만들죠. 이미 주가에 반영된 제시하는 여러가지 경제적 정치적 이유들도 너무 합리적이고 좋아 속을 수밖에 없습니다. 워렌 버핏은 주변에 호구가 안 보이면 본인이 호구라는 말을 했는데, 보통 주린이 백설공주들이 이런 호구 역할을 하게 됩니다. 보통 주식시장에 처음 들어오는 주린이들은 이렇게 주식을 사고, 사과 값이 당분간 계속 오르는 것을 보며 좋아하고, 자신감도 생기는 시기가 이 시기입니다.

하지만, 이렇게 올라온 일시적 사과 가격은 허상이라 계속해서 영원히 오르지 않습니다. 효율적 시장은 이미 좋은 호재들을 모두 주가에 반영한 상태이고요. 경제적으로 보더라도 사과 가격은 본질적으로 시장경제의 수요 공급 원칙에 의해 비싸서 사는 사람들의 수요가 줄어들고 비싸게 팔려는 사람들의 공급이 더 많이 늘어나게 되면서 가격이 다시 떨어지게 된답니다. 물론 공매도들이 주식을 팔며 공매도의 순기능이 발동되며 과열기를 빼게 됩니다. 바다로 갔던 연어가 강물 위로 돌아오듯이 높았던 주가는 원래의 적정한 주가로 회귀하는 본능을 가지고 있죠. 이런 것을 주식시장에서는 조정이라고 부릅니다. 10% 이내로 하락하면 풀백 **pull-back** 이라 부르며 건강한 조정이라고 하고, 악재까지 터지면 그 이상 떨어지면서 조정이나 폭락이 오기도 합니다. 기관이나 투자가들도 높은 가격에 수익실현을 하고 다시 가격이 떨어지면 다시 사려고 준비하는 시기라고 볼 수 있죠.

이러한 메커니즘을 모르는 주린이 백설공주는 앞으로 사과 가격이 더 올라간다는 마녀의 유혹을 못 이기고 곧 썩을지 모르는 비싼 사과를 더 사서 고점에 물리게 되고 사과는 결국 썩게 됩니다. 결국 계속해서 떨어지는 가격을 보며 화내고 한탄을 하고, 우울해지고, 다시 높았던 그 가격으로 돌아올 때까지 버티지 못하고 사과를 싸게 팔고, 주식 가격이 다시 반등하면 마음이 무척 아프게 되죠. 악순환은 계속됩니다.

결론적으로 잘 익은 사과는 제때 따야 합니다. 이는 주식뿐 아니라 금, 채권, 선물, 암호화폐 등 모든 자산투자에 해당된다고 볼 수 있습니다. 부동산에도 해당되는데, 워렌 버핏이 말했듯 부동산은 거래가 비용이 많이 들고 힘들기 때문에, 그 외 자산이 매매 거래에 훨씬 용이하죠."

"그러면 교수님 언제 익었다는 것을 알 수 있을까요? 설익어서 따는 경우도 있고, 타이밍이 너무 늦어져 못 따고 다시 내려오는 경우도 있던데요." 조용하던 울산 코코진님이 물었다.

"좋은 질문이에요, 코코진님. 주식을 사는 것은 과학이고 파는 것은 예술이라는 말이 있죠. 열매를 따는 것은 굉장히 어렵고 위험한 일이에요. 미국 회사들이 계속 성장하여 주가가 위아래로 파도를 치면서 장기적으로 우상향하며 올라가는 것을 가정하면, 잘못 열매를 따서 기회를 놓칠 가능성이 있죠. 따라서 분할해서 조금씩 따고 떨어지면 다시 분할해서 줍줍하며 사서 비중 조절을 잘해야 하죠. 타이밍을 보지 말고, 수익확률이 가장 높다는 켈리 공식을 적용해서 일주일에 한두 번 정도 5번 이상에 걸쳐 분할해서 따거나 줍줍하면 실수가 적습니다. 처음에는 적정가격 근처에서 살짝 따보고, 몇 프로 더 오르면 따보고 하는 식으로 분할해서 따면 됩니다. 마지막 5번째나 그 이상이면 더 크게 딸 수 있겠죠.

다시 한번 강조하면 적정주가 기준으로 판단을 해야 해요. 본인이 산 평균적인 단가를 기준으로 하는 사람이 있는

데, 비싼 가격에 사서 고점을 잡은 경우에는 그 가격이 올때까지 아무것도 할 수 없답니다. 사과가격이 5천 원이니까 그것을 기준으로 욕심을 버리고 5%, 10% 수익이 났다 하면 수익실현을 하며 조금씩 열매를 따야 합니다. 본인의 자산배분 상황이 중요한데 본인이 생각한 비중보다 주가가 너무 올라 커졌으면 그만큼 수익실현을 하고, 줄어든 현금이나 안전자산의 비중을 전략적으로 늘려 놓으려고 해야 합니다. 예를 들면 특정주식을 5%만 가져가기로 했는데, 7%까지 늘어났다고 하면 2%를 분할해서 따게 되는 거죠. 2%는 현금과 같은 안전 자산에 넣어 놓았다가, 나중에 주가가 떨어져 5% 비중이 3%정도로 떨어지면 다시 같은 주식을 매입해 채워 놓습니다. 이를 전략적 자산배분이라고 하죠.

주린이 때 공부를 안하고 무지성으로 산 독사과들도 원래 샀던 고점이 올때까지 몇 년이고 기다리는 것보다는 적정주가보다 올라온 시점에서 잘못 산 것을 인정하고, 손실을 보고 손절을 하며 처음부터 다시 시작하려고 하는 게 좋겠죠. 마치 인생도 잘못 갔다 싶으면 그때까지 쓴 시간과 노력이 아까워도 잘못된 것을 인정하고 다시 처음부터 시작하는 게 좋은 것과 마찬가지죠. 오랜 시간이 지난 후에 돌아보면 잘 했다 싶을 거예요.

또 다른 열매 따는 기준은 앞으로의 성장성을 바탕으로 그 해 목표로 삼고 있던 목표주가가 빨리 달성되는 경우입니다. 6개월이나 1년을 목표로 하고 있는데 한두 달도 안돼서 달성되면 시기적으로 너무 빠르게 과열되었다고 생각하고 바로 따는 게 좋습니다. 보통은 주식시장의 심리상태를 보여주는 지표인RSI Relative Strength Index가 70 근처까지 올라가면 따는 게 좋고, 볼린저밴드 Bollinger Band로 보는 사람들은 가장 상단에 주가가 닿을 때, CNN의 공포탐욕지수 Fear & Greed Index가 탐욕기간에 들어갔을 때, 이동평균선으로 보는 사람들은 주가가 일봉으로 봐서 5일, 15일, 50일, 100일, 200일 이동평균선 위로 올라왔을 때가 좋죠."

시장의 심리를 파악할 수 있는 보조 지표들: RSI, 이동평균선, 볼린저밴드, 공포탐욕지수

각 증권회사의 거래사이트들을 보면, 여러가지 유용한 매매기능들과 차트Chart, 그리고 여러가지 지표Indicator를 제공한다. 그 중에서 저자가 가장 잘 사용하는 사이트는 WeBull인데, 직접 거래는 하지 않아도 여러가지 지표들은 편리하고 눈에 잘 보이게Usable 볼 수가 있다.

여러 지표들 중에 월가 트레이더들도 대부분 보는 것이기 때문에, 가장 유용하게 쓸 수 있는 것이 RSI와 이동평균선, 볼린저밴드, 그리고 공포탐욕지수라고 볼 수 있다.

RSI는 Relative Strength Index의 약자인데, 시장이 상대적으로 과열되거나 과매도 되었는지 등 심리적 모멘텀을 파악하는 데 유용하다. 1978년 제이 웰스 와일더 주니어J. Welles Wider Jr.에 의해 1978년에 소개되어 많은 사람들이 사용하고 있다. 보통 장기투자자들은 일봉이나 주봉으로 14일 이상의 RSI를 보는데, 70 이상 올라가면 사람들이 지나치게 흥분하여 과하게 샀다는 과매수를 보여주고, 30 밑으로 떨어지면 사람들이 지나치게 공포에 떨어 과하게 주식을 팔았다는 과매도를 보여준다. 따라서 모멘텀 투자자들은 70 근처에서는 고점이라고 생각하고 열매를 따기 시작하고, 30 근처나 그 밑에서는 바닥이라고 생각하고 줍줍을 하게 된다.

또한 고점과 저점을 파악하는 데는 주가의 평균을 나타내는 이동평균선과 볼린저밴드Bollinger Bands를 같이 보는 경우도 있다. 일봉으로 보았을 때, 주가가 모든 이동 평균선(5일, 15일, 50일, 100일, 200일)을 넘어서 올라가는 경우에 세 선으로 움직이는 볼린저밴드의 윗선은 중간 평균선(보통 20일 이동평균선과 비슷)에서 표준편차로 2 정도 위에서 움직이는데 이 윗선에 닿거나 그 위로 올라가는 경우에 고점으로 볼 수 있다. 세 선 가운데 아래쪽 선은 주가 평균선에서 표준편차로 2 정도 아래에서 움직이는데, 주가가 그 근처나 그 아래로 떨어지면 주가가 바닥이라고 볼 수 있어 좋은 줍줍 기회를 준다.

또한 구글로 검색가능한 CNN에서 제공하는 공포탐욕지수Fear & Greed Index를 보고 고점과 저점을 파악하기도 한다. 주식시장의 상승의 종목의 개수를 보는 주식시장의 폭Breadth과 콜옵션Call option과 풋옵션Put option의 비율을 보는 풋-콜 비율 Put-Call Option Ratio, 안전자산인 채권과 신용점수가 낮은 정크본드Junk Bond의 수요 등을 보고 시장이 지금 공포구간에 있는지, 탐욕 구간에 있는지를 보게 된다. 저울처럼 생긴 이 인덱스는 가운데 침이 가운데 45에서 55 사이에 있으면 중립, 왼쪽으로 기울면 숫자가 낮아지는데 45 밑으로 떨어지면 공포, 25 밑으로 떨어지면 지나친 공포에 시장이 떨고 있다고 볼 수 있으며 싸게 주식을 살 수 있는 좋은 구간이다. 오른쪽으로 움직이며 55를 넘어가면 탐욕 구간으로 넘어가는데, 시장 분위기가 좋아 올라가기 시작한다고 보면 된다. 75를 넘어가면 지나친 탐욕 구간으로 넘어가는데 열매를 따기 정말 좋은 구간이다. 하지만, 숫자가 가운데 50 근처에 있는 경우에는 애매한 상황이라고 볼 수 있는데, 섹터별 종목별로 희비가 엇갈리는 경우가 많다.

이러한 지표들을 하나만 놓고 보면 판단을 하기가 힘든데, 여러 지표들을 종합적으로 보고 시장의 거시경제적 정치적 상황까지 잘 파악하고 있으면 지금이 시장의 바닥인지 아니면 고점인지를 파악하기가 용이해진다.

폭탄 돌리기: 터지기 전에 돌려라!

벌써 해가 많이 떠올라 창문 사이로 비춘 환한 빛이 거실을 가득 메우고 있었다. 곧 출근이라 조금만 더 방송을 듣고 가기로 했다. 아직 교수님은 말씀을 하시느라 노래를 안 하셨다. 교수님은 한번 말하면 대본도 없이 쉴 새 없이 말을 이어가신다. 노래 한 곡 더 듣고 가고 싶었는데, 3배짜리 레버리지 ETF 상품에 투자하고 있던 양산의 딸 효정 님이 내 맘도 몰라주고 질문을 하였다.

"교수님, SOXL이나 TQQQ 같은 레버리지 상품도 투자라고 할 수 있나요?"

"2배, 3배 레버리지는 도박상품으로 볼 수 있는 위험도 높은 상품이고, 저는 이것을 폭탄이라고 부릅니다. 언제 터질지 모르는 폭탄이요. 고점에 산 일반 독사과는 조정장에서 적정주가나 그 이하로 떨어지면 많이 아프긴 하지만, 인내하면서 버티면 시간이 지나며 천천히 다시 씨부터 자라나 잘 커서 적정 주가 이상으로 회복할 가능성이 있습니다. 하지만, 레버리지 상품은 폭탄처럼 한번 터지면 사망에까지 이를 수 있습니다. 올해 폭락장에도 지수들은 다 회복했지만, 레버리지 상품은 아직도 마이너스 10%에서 40%까지 회복을 못하고 있죠. 고점 대비해서는 그 이상으로 하락해 있는 상태이고요. 2022년도나 2025년도처럼 80% 이상 떨어지면 그 어느 누구도 버티기 힘들죠. 엎친 데 덮친 격으로 주식담보로 대출까지 받아 마진까지 쓰면 강제로 반대매매가 되며 다시 올라올 희망도 안 생깁니다. 물론 빚을 내서 투자하는 사람들도 비싼 이자를 계속해서 내며 이런 폭락한 상품으로 몇 년이고 오래 버티기 힘들겠죠. 본인도 모르는 사이에 위험한 파생 상품 시장으로 진입하여 비싼 수수료와 이자와 함께 모든 투자금을 잃고 떠나게 되죠. 욕심이 과해지면 위험을 인지하지 못하고 폭탄이 터지면서 주식시장에서 영영 떠나게 되겠죠."

"교수님 이미 들고 있고 손해가 막심한데 어떻게 해야 하죠." 레버리지에 미련을 못 버리던, 제법 큰 도시인 양주에 사시면서 간호학과 강의 나가시는 예원 님이 물으셨다.

"이런 레버리지들은 폭탄 돌리기나 뜨거운 감자를 돌리듯 누군가에게 비쌀 때 빨리 팔수록 이득입니다. 사과처럼 적정가격을 매기기가 정말 어렵기 때문에 차트와 심리만 보고 팔거나 살 수밖에 없습니다. 암호화폐와 비슷하죠. 배트를 짧게 잡고 단타를 해야겠죠. 물론 단기매매는 전문 트레이더들의 영역이라 스트레스도 많이 받고 잠시만 한눈 팔아도 순식간에 돈을 잃을 수 있으므로 권하지는 않습니다. 게임중독처럼 주식중독으로 가는 지름길이고 몇 번 크게 오르는 것을 경험하면 도파민에 중독되어 미국주식을 하며 폐인이 될 가능성이 높습니다. 단순하게 RSI가 높아 과열됐을 때 팔고 공포가 높아 과매도됐을 때 사는 등 해서 손해 폭을 줄일 수밖에 없습니다. 잘못해서 고점에 물린 사람들은 바닥 근처인 떨어진 상태에서 정리하는 것보다는 물타기를 조금해서 평단가를 조금 낮추어 놓았다가, 어느 정도 반등하면 적절하게 손절하고 빠져나오는 게 좋겠습니다. 그리고 다시는 쳐다보지 말아야겠죠. 다시 말하지만 폭탄은 빨리 누군가에게 던지고 빠져나오서야 합니다."

나는 교수님의 이 얘기를 들으면서 내가 지난 2년간 무엇을 잘못하고 있었는지를 깨달을 수 있었다. 채팅창에서 교수님을 일찍 만났더라면 하는 글들이 올라오는 것을 보며 나도 같은 생각이 들었지만, 어쩔 수 없었다. 잃어버린 2년이라는 시간과 돈이 값진 교훈으로 돌아온 것이라고 생각할 뿐이다.

점쟁이의 예언

어제는 쉬는 날이라 자전거를 타고 사우스비치South Beach의 오션드라이브Ocean Drive까지 다녀왔다. 반교수님과 함께하며 나의 삶이 180도 바뀌었다. 직장을 구하고 어느 정도 적응이 되니 처음의 설렘도 사라졌고, 안일한 권태기처럼 무료함이 가득한 삶이었다. 백인들 사이에서 일하며 인종차별도 느끼고 너무나 외로웠던 삶이었다. 최근의 주식 실패로 인해 한국으로 금의환향하려던 마지막 희망까지 꺾이며 우

울감까지 더해져 혼자 패배자처럼 집에서만 머물며 은둔형 외톨이가 되어가고 있었다. 공황장애도 오는 것 같았다. 하지만 반교수님 유튜브를 수시로 시청하며 교수님이 노래를 불러주시는 것도 듣다 보니 음악치료를 받는 것 같기도 하고 마음이 조금씩 긍정적으로 바뀌어갔다. 특히 성장하지 않고 멈춰 있으면 죽은 것과 뭐가 다르냐는 말에 머리를 한 대 맞은 것 같은 깨달음이 있었다. 엔돌핀의 수천 배나 되는 감동호르몬이라는 다이돌핀 Dynorphin이 쏟아져 나오며 자연 항생제로 몸이 치유되는 느낌이었다. '뭐라도 해야지'라는 마음으로 매일같이 일단 집 밖으로 나가기로 했다. 반교수님은 하루 30분, 6천 보 이상의 산책을 강조하셨지만, 마이애미는 산책하기에는 햇볕이 너무 뜨겁고 위험하다. 그래서, 가까운 돌핀몰 Dolphine Mall처럼 백화점과 상점들이 모여 있는 실내 몰 Mall에서 걷고, 플로리다 아파트에서는 어디서나 즐길 수 있는 수영을 하고 시원하게 바닷가 도로에서 자전거를 타기로 결심했다.

호수에 악어가 살고 있다는, 야자수로 둘러싸인 마이애

미 대학교 캠퍼스를 가로질러 유니버시티 University 역까지 자전거를 타고 갔다. 지하철에 자전거를 싣고 거번먼트 센터 Government Center 역까지 가서 모노레일로 갈아타고, 거기서 내려 다시 자전거 타고 바닷가까지 갔다. 한 시간씩이나 걸렸지만, 여유 있게 쉬어가고자 떠난 여행이었고, 막상 도착해서 야자수 사이로 바다를 보고 자전거를 달리니 가볍게 불어오는 바닷바람에 마음에 평화가 찾아오고 힐링이 되었다. 아르누보 스타일의 바닷가 식당들과 건물들도 마음을 아름답게 채워주었다. 70% 이상이 히스패닉인 이곳에서 소수인종인 아시아인으로 살아간다는 것이 가끔은 힘들 때가 있다. 미용실, 자동차수리점 등 영어가 안 통하는 곳이 많기도 해서 더 힘들었을지도 모르겠다. 잠시나마 이곳으로 떠나오니 이런 스트레스는 모두 사라지고 마음은 아름다운 것들로 채워졌다. 링컨로드의 아기자기한 기념품 상점과 야외 테이블에 앉아 여유를 즐기는 사람들을 쓱 한번 둘러보고 집으로 돌아왔다.

오늘은 미투리 마을의 온라인 정모가 있는 토요일이다.

아침 일찍 인사하고 들어가 앉아 있었다. 교수님은 토요일마다 일주일치 데이터를 정리해서 주식시장을 분석해 주신다. 내가 제일 좋아하는 날이다. 종목 분석이 끝나자 들어온 지 얼마 안 된 모찌 좋아하시는 모찌 님이 물어보신다.

"교수님, "셀 인 메이 Sell in May"라는 말도 있는데, 5월에는 주식시장이 하락할까요?"

"지금 주식시장이 어느 정도 회복한 상황이고 골드만 삭스가 제시한 S&P500의 목표주가 5700에 도달한 상태죠. 앞으로 계속 올라갈지 다시 떨어질지 궁금하실 거예요. 답부터 말씀드린다면 예측하지 마시라고 말씀드리고 싶네요. 미투리 제8원칙을 기억하시죠? 이유는 연준이 어떤 발표를 할지, 경제 지표가 어떻게 나올지, 트럼프 행정부에서 많은 나라들과 어떻게 관세 협상을 하게 될지, 지정학적 문제들이 어떻게 해결될지, 주식과 채권을 사는 사람이 많을지, 파는 사람이 많을지 너무나 많은 변수가 많이 있어 불확실성이 있고 그것들을 모두 종합하여 맞추는 것은 거의 불가능하죠.

살아 있는 존재라고 할 수 있는 미스터 마켓(Mr. Market: 움직이는 주식시장을 비유적으로 표현)은 아이큐가 거의 1,000은 되는 두뇌를 갖고 있어서 우리 인간의 머리로는 절대 따라갈 수가 없답니다. 노벨상을 탄 경제학자들도 주식시장 예측에 실패하는 이유가 거기에 있죠."

"점쟁이의 예언이라는 우화가 있죠. '오늘 당신 운이 좋지 않소. 1년 후에는 큰 행운이 찾아올 거요.' 하던 점쟁이는 본인의 집에 도둑이 드는 일도 예측하지 못했습니다. 자기 앞의 일도 못 보는데 남의 미래를 봐주다 결국 다른 곳으로 이사를 간 점쟁이 이야기입니다.

전문가들과 유튜버들은 나와서 항상 주식시장을 예측하려 하고 전망을 내놓습니다. 피터 린치 같은 미국의 대가들이 나와서 주식시장이나 채권 이자율은 예측하지 말라고 하는데도 말이죠. 주식시장뿐 아니라 매수자와 매도자들이 복잡하게 얽혀 있는 시장이란 곳에서 가격을 예측한다는 것은 불가능한 일입니다. 피터 린치는 채권 이자율만 3번 맞추면 수조 원의 자산가인 빌리어네어Billionaire가 된다고 하죠. 그만큼 맞추기 힘든 것이 시장입니다. 전문가들 유튜버들도 항상 잘 맞춘다면 굳이 다른 수익을 위해 티브이에 나올 이유가 없고, 증권회사에 다닐 이유가 없고 유튜브 채널을 운영할 필요가 없겠죠. 예측해서 맞춰서 부자가 되기보다는, 본인의 증권회사가 밀고 있는 주식이 오르거나 유튜브의 조회수가 올라가 돈을 벌게 되죠. 점쟁이가 점비로 돈을 벌듯이 말이죠."

"점쟁이들이 맞춘 것처럼 보일 때는 이럴 때입니다. 시장에 영향력이 있는 전문가와 그의 회사, 유튜버가 세력을 이루어 시장을 몰아가게 되면 마치 맞춘 것처럼 보일 때는 있습니다. 그 시대에 가장 핫한 인플루언서를 따라다니면 단기적으로는 수익을 낼 수는 있겠죠. 하지만, 그 사람이 몇 번 틀리면 인기가 사그라들면서 그 사람은 영향력을 잃게 되고, 그 사람의 예측과 반대로 하면 이득을 본다는 "꿀이 떨어진다"는 얘기들이 나오게 되죠. CNBC의 앵커 짐 크래이머Jim Cramer처럼요. '짐반꿀'이라며, 짐 크래이머와 반대로 하면 꿀이 떨어진다는 얘기가 한때는 유행했죠. 한때는 짐 크래이머가 사라 그러는 주식들이 많이 올랐는데, 2022년 폭락장에서 예측이 많이 빗나가면서 그가 추천하는 주식에 공매도를 치는 펀드도 생겨나고 뭐든 그의 예측과는 반대로 해야 하는 현상이 일어났습니다. 아크ARK펀드의 돈나무언니로 알려진 캐시 우드Cathie Wood도 비슷했고요. 미국에는 약 7천여 명의 주식 전문가가 있고, 이들의 의견을 각자의 생각에 따라 인용해 상황을 이끌어 가는 미디어들이 있습니다. 주식시장이 올라갈 때는 톰 리Tom Lee, 짐 크래머, 댄 아이브스Dan Ives, 캐시우드 같은 긍정론자들을 모시고, 시장이 떨어질 때는 뱅크 오브 아메리카Bank of America의 마이클 하트넷Michael Hartnett, 모건 스탠리Morgan Stanley의 마이클 윌슨Mike Wilson같은 부정론자들을 모셔다 인터뷰를 하죠. 귀에 걸면 귀걸이, 코에 걸면 코걸이 같죠."

"소위 따라가는 주식인 '밈 주식Meme Stocks'도 이러한 맥락에서 볼 수 있죠. 특정 인플루언서가 주가를 움직이기 쉬운 중소형 주를 샀다고 하면 모두가 같이 그 종목으로 모여들어

주가가 일시적으로 급등하는 현상이 요즈음 비일비재하게 일어나고 있죠. 코로나 이후 유튜브 같은 소셜미디어가 더욱 빠르게 확산되면서 이런 현상을 더욱 가속화시켰죠. 미 증권거래위원회SEC; U.S. Securities and Exchange Commission에서는 이를 주가 조작으로 보고 있지만, 채팅과 각종 소셜 미디어들이 급격하게 발전하면서 거의 추적이 불가능하다고 보여지죠. 미국에서는 큰 고래Big Whale들이 춤을 춘다고 하는데, 큰 세력들이 더욱 손쉽게 시장을 조작할 수 있는 환경이 펼쳐지고, 주식시장은 커다란 도박판처럼 바뀌어가고 있습니다."

나는 이 말을 들으며 지난 2년간 내가 어떤 얼굴도 모르는 유령 유튜버의 말을 너무 믿었구나 하고 생각했다. 언제든지 사라질 수 있는 사람의 말을 구독자 수만 보고 맹목적으로 믿어서 지금과 같은 나락으로 빠진 게 아닌가 생각했다. 누군지도 몰라 어디에 하소연할 데도 없고, 지나간 시간과 잃어버린 돈이 그저 아까울 뿐이다.

밈 주식 Meme Stocks이란?

밈 주식은 '투자자들이 불나방처럼 따라다니는 주식'이란 뜻이다. 소매투자자들, 소위 개미들 사이에 인기 있는 주식이란 뜻으로, 레딧Reddit의 R/wallstreetbets같은 소셜미디어나 온라인 공동체에서 인기를 얻으며 순식간에 빠르게 오르는 주식들을 일컫는다. 2020년 코로나사태 이후 소셜미디어가 활성화되며, 밈 주식의 유행이 지속되고 있다. 이는 미국 증권법에서 규제하는 주가조작에 가깝지만, 익명성이 보장되는 소셜 미디어에서 비일비재하게 암묵적 동의 하에 주식들을 사고 팔기 때문에 일일이 통제가 안되는 상황이다.

밈 주식은 회사의 펀더멘털과 상관없이 인기에 따라 움직이게 되므로 굉장히 큰 변동성을 가지고 움직인다. 펌프 앤 덤프 Pump and Dump라고도 하는데, 유튜버들에 의해 주가가 일시적으로 펌핑Pumping되며 급등했다가, 한번에 팔고 빠지는 덤핑 Dumping 현상이 반복되면서 이에 잘못 휩쓸린 개미들이 큰 손해를 입기도 한다. 이성적인 투자보다는 감정적인 호소를 하기 때문에 한번 잘못 빠지면 중독이 되어 빠져나오기 힘든 상황에까지 가기 쉽다.

토끼와 거북이

토요 라방 진행시간이 벌써 2시간이 훌쩍 넘어갔다. 밝은 햇빛이 거실을 가득 채웠다. 오늘은 질문이 많아 교수님이 더 지쳐 보이시는 것 같다. 마지막 질문이 들어왔다.

"교수님, 저는 올해 들어 수익률이 아직도 마이너스 7% 입니다. 언제나 양전해서 큰 수익을 내게 될까요?" 대구에서 온 눈팅만 하던 눈팅 님이라는, 채팅창에서 처음 보는 주린이가 질문을 했다.

"지금 S&P500 지수만큼은 하고 계신데 잘하고 계시는 겁니다. 보통 수익률 계산은 연말에 하게 되고, 그때는 회계 원칙상 '비실현수익 또는 비실현손해 Unrealized Gain or Loss'가 났다고 말할 수 있죠. 지금보다는 조금은 긴 시계열로, 긴 호흡으로 보는 게 좋습니다."

"갑자기 토끼와 거북이 이야기가 생각나네요. 주식은 토끼처럼 조급해하지 않고 거북이처럼 천천히 완주해서 은퇴할 때까지 조금씩 복리를 거두려고 하는 것이 좋습니다. 조급하게 눈앞의 이익만을 좇으며 속도를 내다가 사고가 나면 교통사고로 보면 대형사고이고, 전쟁터에서는 총에 맞는 것과 같습니다. 속도를 올리면 사고 날 확률이 더 높아지고 대형 사고로 이어질 확률이 높지요. 인생에서도 목적도 없이, 목적이 있어도 그에 걸맞은 적절한 전략도 없이 당장의 경쟁에서 이겨 빨리 가려고 하는 경우가 많죠. 결과적으로 보면 과속해서 잘못된 길로 가서 쓸데없이 에너지를 낭비하는 경우가 많고 다시 돌아와서 원점에서 시작해야 될 때가 많죠. 장기적인 목적을 세우고 적절한 전략을 가지고 효율적으로 움직이면 천천히 가도 성공하는 사람은 많이 있지요.

주식도 마찬가지입니다. 속도를 내어 당장 100%, 200%씩 수익을 내려고 큰 돈을 넣어 단번에 불려서 조기 은퇴를 하려고 조급하게 움직이다 보면 실수할 확률이 높고 한 번의 실수가 크게 마이너스를 내는 상황을 만들게 됩니다. 다시 말하면, 무리하게 위험도를 많이 올리면 이런 현상이 발생하게 됩니다. 위험도는 베타(β) 값이라고도 부르는데 레버리지 ETF들처럼 지수 1보다 위험도(베타 값)를 2배나 3배 정도로 올리면, 운 좋으면 단기간에 큰 수익이 나기도 하지만 운 나쁘면 단기간에 모든 것을 잃을 수도 있습니다. 어떤 운 좋은 이들은 이렇게 위험을 올려 3억을 투자해서 지난 2023년 2024년처럼 급격히 상승하는 장에서 15억씩 만들기도 하지만, 운 나쁜 사람들은 고점을 잡아 이번 2025년 4월 폭락장처럼 90% 이상 하락하면 3천만 원 정도로 줄어들기도 합니다. 운이 좋아 많이 번 주린이들은 대부분 계속 올라갈 것 같은 확신과 욕심이 계속 나서 수익실현에 대부분 실패하고, 떨어지면서도 손실을 방어하지 못하는 경우가 허다합니다. 결국 본전 이하로 자산이 줄어드는 것을 보며 후회하게 되죠. 결국 빨리 성공하고자 하는 조급한 마음과 욕심이 위험도를 올리고 자신의 본래 자산마저 잃는 결과를 낳게 되죠. 물론 레버리지 상품으로 단기간에 몇 백 프로씩 수익을 내다 보면 그 환희를 잊지 못하고 이에 익숙해지고 중독이 되어서 조그만 돈이 생기면 미련을 못 버리고 다시 들어가게 됩니다. 이렇게 했으면 더 큰 수익을 내고 손해를 안 냈을 텐데 하고 단기적 수익에 집착해 후회하지도 말고, 중독을 끊어내야 합니다. 좋은 멘토를 만나 도움을 받아 일단 주식을 끊고 재활치료를 받아야 합니다. 몇 달 정도 주식을 쉬며 책을 읽고 공부를 하고, 산책을 하며 많은 생각을 하고, 메타인지 능력을 키워 본인이 어떤 잘못을 했는지 깨달아야 합니다. 다시는 도박성 투자는 안 하겠다는 다짐을 하고 새롭게 시작해야 합니다. 겸손하게 스스로를 내려놓고 좋은 멘토를 만나 새롭게 건전한 투자를 시작하는 것이 중요합니다. 다시 한 번 얘기하지만, 도박판 같은 주식판이 아닌 주식시장에서 대가들이 가르쳐줬던 원칙과 전략대로 항상 대가의 입장에서 생각을 하며 일관적이고 정상적인 투자를 해야 합니다."

듣고 있던 나는 뜨끔했다. 내 얘기인데 교수님이 내 마음속에 들어와 있는 것 같았다. 나의 짧았지만 호재 악재만 따라다니며 배운 것 없이 의미 없이 지나간 시간들에 대해 반성을 하였다.

"많은 사람들이 하는 실수가 시간은 본인이 서 있는 곳에서 그대로 멈춰져 있다고 생각하는 것입니다. 짧은 시간 내에 속도를 내서 100% 수익이 났다고 해서, 시간이 운이 좋았던 그곳에서 멈춰져 관성의 법칙처럼 그대로 계속될 것이라고 생각합니다. 하지만, 시장은 변하고 주가는 다시 조정을 겪죠.

반대로 생각해서, 주가가 조정을 받아 떨어질 때는 비슷하게 시간은 멈춰져 있다고 생각하게 됩니다. 지금의 손해인 -7% 수익률에 멈춰서 다신 그 이상으로 안 올라갈 것이라는 부정적인 생각도 하게 되고요. 성장을 멈추고 마음이 굳어진 사람들은 보통 부정적일 때가 많은데 이런 사람들은 인생에서도 그렇게 다른 사람의 시간이 멈춰 있다고 생각하는 경향이 있죠. 타인을 지금 눈에 보이는 대로만 평가하는 경우가 많이 있죠. 그 사람이 앞으로 계속 성장하여 더 큰 사람이 될 것이라는 생각을 못 합니다. 더 이상 성장하려고 하지 않는 사람은 그렇게 평가해도 될지 모르지만, 성장하는 마음가짐을 가지고 계속 노력하여 발전하려는 사람에게는 지금의 평가는 무의미합니다. 회사도 주가도 마찬가지입니다. 주가는 살아 있는 생물과 같아서 회사가 계속하여 연구와 발전을 하고 투자를 하여 수익이 성장을 하면 주가도 같이 상승하게 됩니다. 적정주가 밑으로 떨어져 있어도 시간이 지나면 다시 성장하여 그 이상으로 올라갑니다. 시장의 변동성으로 인해 언제든지 변화할 수 있고, 몇 달간 조정을 받아 마이너스로 떨어지다가도 몇 달간 다시 상승하기도 합니다. 결국 좋은 기업은 이익에 맞추어 장기적으로 우상향을 하게 되죠. 제가 늘 하는 말이 있죠. 적정주가 밑으로 주가가 떨어져도 가만히 있으면 중간은 갑니다. 어설프게 너무 떨어졌다고 손절을 하면 나중에 후회할 일만 남습니다. 여러분이 싸게 던지면 호구라고 생각하고 그것들을 받아먹으며 싸게 사려는 세력들은 언제든지 있습니다."

천로역정: 인내와 열정

"교수님 거북이처럼 인내하며 가야겠어요! 하지만, 빨리 성공하고자 하는 지금의 열정은 어떻게 하죠? 저는 지금의 열정이 저의 삶의 원동력이라고 생각하는데." 이제 20대에 군대를 간 동원 님이 물었다.

"지금 주식을 묻어 놓고 군대 다녀오면 그 주식이 크게 불어 있을 텐데, 열정을 어디에 써야 할까요? 부자가 되기 위해서는 타이밍보다는 타임, 시간이 필요하고, 그 시간이 지나가는 동안 큰 인내가 필요합니다. 인내란 가끔 주식을 샀다는 것을 잊는다는 의미로도 해석할 수 있죠. 동원 님처럼 군대 가서 잊을 때도 있고, 저처럼 많은 종목을 산 후 개별 종목을 잊게 만들 수도 있고, 산책이나 운동을 하고 잠을 자는 등, 주가를 안 보면서 인내하는 방법도 있죠. 주가가 올라가고 떨어지는 것을 계속 확인하고 보면서 인내하는 것은 정말 어려운 일이죠. 주가를 보고 있으면, 감정에 휩싸이게 되고 시야가 좁아집니다. 전체적인 맥락을 보며 원칙과 전략에 따라 움직이기보다는 순간적으로 오르내리는 주가에 심리적으로 영향을 받게 됩니다. 감정 통제가 안 되면 충동적으로 사고 팔게 되죠. 자산배분을 잘해서 안전자산을 많이 확보해둔 사람도 멘탈을 잘 유지하다가 하락장에서는 계속 주가를 보고 있다가 잘못된 판단을 할 때가 많습니다.

《천로역정》이라는 소설을 보면 크리스천이라는 주인공은 저 어딘가 멀리 보이는 빛을 따라 여행을 떠나게 됩니다. 열정적으로 빨리 도달하고 싶은 마음에 절벽도 올라보고 쉬워 보이는 길도 따라가 봅니다. 하지만, 그곳에는 더 큰 함정이 기다리고 있었죠. 작가인 존 번연 John Bunyan 은 한 챕터에서 주인공에게 신앙은 열정보다는 인내가 더 필요하다는 이야기를 합니다. 인생과 주식도 마찬가지입니다. 열정보다는 인내가 더 필요한 분야가 바로 인생과 주식입니다. 열정은 촛불과도 같아서 6개월에서 1년 정도 지나면 식지만, 그 이후 인간이 극복과 성장을 이루어 나가는 데 도움을 주는 것은 인내이죠. 따라서, 주식 투자는 초기에 힘을 빼는 연습을 해야 합니다. 골프를 포함한 많은 운동을 할 때 코치들이 힘을 빼라고 말을 하죠. 열정이 과해 과하게 힘이 들어가면 실수가 잦게 나오게 되죠. 따라서, 힘을 빼고 현금을 들고 인내심 있게 기다리다 보면 기회도 오고 적정주가보다 싸게 산 주식도 결국 다 올라 큰 수익을 가져다줄 것입니다."

"2025년 5월 94세의 나이로 버크셔 헤더웨이에서 은퇴한 워렌 버핏은 60년간 투자하며 인내를 하면서 기다리다 기회가 오면 안전마진이 생긴 좋은 주식들을 잘 골라 샀고, 매년 20%씩 평균적으로 수익을 내며, 결국 5,500,000%의 복리수익을 낼 수 있다는 것을 몸소 보여주셨죠. 복리효과를 알면 왜 인내가 중요한지 알 수 있을 겁니다. 복리효과는 간단하게 72의 법칙을 쓰면 편하게 계산할 수 있습니다. 물론 금융계산기를 인터넷에서 찾아서 계산해도 되고요. 본이 자산이 두배가 되려면 매년 몇 프로씩 수익을 내서 몇 년이 걸리는지를 쉽게 알게 해주죠. 10%씩 수익을 내면 7년 정도, 15%씩 수익을 내면 5년 정도, 20%씩 수익을 내면 3.5년 정도 걸리게 됩니다. 30살의 1억은 10%씩 수익을 내면 37살에 2억, 44살에 4억, 51살에 8억, 58살에 16억으로 만들 수 있습니다. 그 정도면 연간 10%의 수익률로 10%씩 매달 1천 3백만 원씩 받으면서 은퇴할 수 있겠죠. 결국 부자는 이 경우처럼 28년의 시간이 걸려야 만들어집니다. 부자가 되려면 시간이 걸립니다. 마음을 조급하게 먹으면 안 됩니다. 물론 매달 월급을 더 넣고, 수익률을 높이면 더 빠른 시간 내에 될 수도 있고요."

"장기투자는 원래 단기보다 더 위험합니다. 회사가 시간이 갈수록 경쟁에서 도태되어 망할 확률이 더 올라가게 되죠. 가끔씩 나오는 회사를 둘러싼 정치·경제·사회적 환경이 안 좋아져 회사가 어려워지는 악재를 경험하기도 합니다. 위험도가 큰 만큼 수익률도 커지긴 하죠. 따라서 그 회사가 좋은 회사라는 확신과 믿음뿐 아니라, 인내가 정말 많이 필요합니다. 이 회사의 주가가 다시 올라주기를 인내하며 기다려서 복리효과를 누릴 수만 있다면 회사는 여러분에게 큰 수익을 가져다줄 것입니다."

"인생에서도 그렇듯, 처음 무엇인가를 시작할 때는 재미도 있고 열정이 넘칩니다. 하지만 지나친 열정은 조급함을 만들어 내고 독이 될 때가 많죠. 물론 시간이 지나면 이 열정이 사라지기 때문에, 이 열정이 있을 때 어딘가에 써야겠죠. 열정이 남아 있다면 빨리 수익을 내려고 하기보다는 찰리 멍거Charles T. Munger가 말했듯 공부를 해서 회사에 대한 확신과 믿음을 키우는 데 쓰는 것이 좋습니다. 물론 회사의 약점과 위협도 공부해야겠죠. SWOT 분석법을 써서 회사의 강점Strength, 약점Weakness, 기회Opportunity, 위협Threat이 무엇인지를 파악하는 게 중요합니다. 무엇을 하는 회사인지 어떤 미래를 보여주는지를 보는 사람은 많아도 그 회사의 약점과 위협이 무엇인지를 정확히 보는 투자자는 많이 없습니다. 회사의 주당순이익EPS; Earnings Per Share을 계산해내고, 퍼p/e; Price Per Earning를 계산하고, 그 산업분야의 적절한 퍼가 무엇

퍼(p/e)의 함정?

퍼는 지금의 한 주식의 주가를 회사의 주당EPS순수익으로 나눈 것을 말한다. 주당순이익EPS는 회사의 순수익을 전체 발행된 주식숫자로 나눈 것이다. 상대적을 다른 회사와 비교할 수 있는 가치척도, 즉 밸류에이션Valuation의 한 방식이다. 다시 말하면 회사의 수익의 각 달러당 얼마의 주가를 가져가는 게 합리적인 것인지를 보여준다. 또한 그 주가에 도달하기까지 몇 년이 걸리는 지도 알 수 있다.

예를 들면 현재 엔비디아의 주가는 132달러인데 주당순이익이 3.3달러이면 130을 3.3으로 나누면 퍼가 40이 나오게 된다. 이는 투자자들이 지금의 주가 132달러를 내고 주식을 사는 데는, 주당순이익 1달러 당 40달러를 기꺼이 낼 의지가 있다는 것을 보여준다. 또한 앞으로 40달러를 달성할 때까지 40년을 기다려줄 의지가 있다는 것을 보여준다. 물론 회사의 수익률이 빠르게 성장하여 내년에 50% 성장하면, 40을 1.5로 나누면 26.6이 되므로 내년에는 더 합리적인 퍼를 기대할 수 있게 되므로 지금의 퍼 40을 기꺼이 받아들이게 된다. 2025년 현재 미국 S&P500기업의 5년 평균 퍼가 24.8이므로 내년 26.6이면 합리적인 퍼라고 생각이 드는 것이다.

미래의 급속한 성장을 반영하여 퍼를 지나치게 가져가도 괜찮다고 생각하여 고가에 사는 경우도 있는데, 이는 굉장히 위험한

> 투자행위라고 볼 수 있다. 2021년 이후 밈 주식들이 등장하면서 퍼가 100이상이 나오는 주식들도 몰려다니면서 사는 경우가 있는데, 퍼가 중요하지 않다고 말하는 사람들이 요즘 늘어나는 추세이다. 물론 회사가 100% 이상씩 급격하게 성장하면 높은 퍼가 정당화될 수 있다. 하지만, 이는 일종의 모멘텀 투자 방식이라고 볼 수 있는데, 이는 순식간에 모멘텀이 꺼지면 주가가 급락하면서 손실방어를 못하는 주린이들은 손 쓸 사이 없이 손해를 크게 입을 수가 있다는 것을 명심해야 한다.

인지도 알아내야겠죠. 그 회사의 매년 수익이나 매출 성장률, 앞으로의 성장률도 볼 줄 알아야 합니다.

 이를 통해서 주당순이익에 적절한 멀티플(보통 산업분야의 퍼나 그 회사의 성장률을 고려한 퍼)을 곱해서 적정주가를 계산해 낼 수 있어야 합니다. 예를 들면 테슬라의 현재 EPS가 3달러라고 가정하고, 멀티플을 80정도 주게 되면 240달러의 적정주가가 나오게 됩니다. 이러한 계산을 상대적 밸류에이션을 이용한 간단한 적정주가 계산법이라고 볼 수 있죠. 회사의 그 해 성장률이 50%라면 다음 해에는 80을 1.5(주당순이익1달러에 50%성장한 값인 1.5)로 나누면 53.3이되고, 그 다음 해에는 53.3을 1.5로 나누면 35.5, 그 다음해에는 35.5를 1.5로 나누면 23.6이 되어 지금의 80의 멀티플, 퍼가 높아 보이지 않게 됩니다. 테슬라가 자율주행 택시, 옵티머스, 세미트럭 등을 계속 출시하면서 2028년까지 50%씩 성장을 해준다면 80이 적절한 멀티플이라고 볼 수 있죠. 이외에도 DCF로 향후 수익을 절대적으로 예측해서 현재 가치로 환산해 적정주가를 계산할 수도 있습니다. 향후 5년치의 매년 매출을 예측하고 그것에 할인율을 적용하여 현재가치로 모두 환산한 후, 주식 수로 나누면 계산이 되죠."

"교수님 그러면 어떤 전략을 세우는 게 좋을까요?" 조용히 듣고 있던 마포에 살지만 고향이 산골인 산골소녀 님이 물으셨다.

"장기투자자에게는 가치 투자, 성장 투자, 적립식 투자 전략이 좋습니다. 모멘텀 투자 전략은 주식을 사는 롱 Long과 공매도인 숏 Short을 함께 치는 전략으로 짧은 기간동안 그네를 타듯이 스윙Swing 매매를 하기 때문에 굉장히 어렵고 위험도도 높습니다.

주린이들이 하기 가장 좋은 장기투자는 적립식이라고 볼 수 있습니다. 매달 월급이 나올 때마다 백만원 정도씩 주식에 투자하는 방식이죠. 미국 주식이라고 해서 항상 우상향하는 것은 아니고 망하는 주식도 절반은 나오기 때문에, 지수를 추종하는 SPY, VOO, DIA, QQQ같은 ETF나 뮤추얼 펀드Mutual Funds를 정기적으로 적금 붓듯이 사는 게 좋습니다. 이러한 상품들은 안 좋은 회사는 빼고 좋은 회사는 넣으면서 지수를 유지하기 때문에 평균적으로 8~12%의 수익률을 보장해 줄 것입니다. 투자 초기 10년 정도 동안 1억 이상 모으려면 이 방법이 가장 안전하고 좋은 방법입니다. 그렇게 모은 이후에 매년 평균 10%씩 수익을 내면서 꾸준히 돈을 넣는다면 20년 안에 복리효과로 12억 이상을 모을 수 있게 되겠죠. 저는 12억 이상 모았다면 경제적 독립을 이루었다고 생각하는데, 30년간 12억을 모아 10% 이자로 한 달에 천만원씩만 있어도 여유 있게 은퇴를 하고 여행도 다닐 수 있을 거라고 봅니다."

"교수님, 적립식 투자 전략 DCA; Dollar Cost Averaging 도 자산배분에 신경 써서 적절히 열매를 따야 할까요?" 누군지 모르는 어떤이 님이 물었다.

"본인의 자산배분 상황과 정기적인 소득 상황이 중요하겠죠. 직장이 있어서 월급이나 수익이 지속적으로 발생하고 있다면 30년 정도를 잡고 총 얼마 정도를 저축할 수 있는지 계산한 후에 지금의 주식 비중과 비율을 정해보면 답이 나올 것이라고 봅니다. 보통 100살까지 살 것을 기준으로 자기 나이의 비율만큼 안전자산을 확보하라고 하죠. 40살이면 40%, 50살이면 50% 정도로요. 40살 기준으로 월급으로 받아서 저축할 부분이 전체 비중에서 40% 이상으로 아직 많이 남아 있다면 리밸런싱 Rebalancing 으로 비중 조절 없이 계속 같은 ETF를 정기적으로 사도 되고, 앞으로 받을 월급의 저축 총액이 40% 미만으로 얼마 없다면 주식시장이 과열되었을 때 주식 매입을 멈추고, 포트폴리오에서 현금이나 단기채권 같은 안전자산 비중을 적절히 확보하려는 노력이 필요합니다."

"교수님 적립식보다 투자 수익률을 올리려면 어떻게 할까요?" 수원에서 오신 물타기를 전문으로 하시는 물타기전문님이 물으셨다.

"워렌 버핏Warren Buffet이나 벤저민 그레이엄Benjamin Graham처럼 가치투자 전략을 쓰면 수익을 더욱 높일 수 있습니다. 워렌 버핏은 은퇴할 때까지 평균 20%의 수익을 내었죠. 이렇게 하기 위해서는 오랜 기간 수익을 잘 낼 수 있는 좋은 회사를 골라야 하고, 그 회사의 적정주가를 계산하고 그보다 할인을 많이 할 때, 안전마진Margin of Safety이 많을 때 주식을 구매하는 것입니다. 좋은 주식을 잘 찾는 안목이 중요하죠. 적립식 투자 전략은 가치투자 전략을 섞을 수가 있는데, 주식시장이 너무 과열되어 주식들이 적정주가보다 올라갈 때는 잠시 적립식을 멈추었다가, 주가가 적정주가 근처나 그 밑으로 떨어질 때 다시 적립식으로 모았다가 하는 방식입니다. 이렇게 되면 과열되거나 거품이 낀 시장에서 무리하게 주식을 안 사게 되어 수익률을 많이 올릴 수가 있습니다."

"교수님 저는 수익률을 더 올리고 싶은데 다른 투자 전략을 써도 될까요?" 울산에서 강아지 산책을 시키시던 산부인과 의사이신 독버틀러 님이 물으셨다.

"성장투자 전략이 있죠. 성장투자 전략은 전설의 투자자 피터 린치 Peter Lynch가 쓴 방식입니다. 연 평균 30%의 수익률을 13년간 낸 사람이죠. 성장투자 전략은 위험도를 더 올려서 아직 순수익이 나지 않거나 이제 갓 수익이 나기 시작하는 기업들에 투자하는 것입니다. 매년 20% 이상 100%씩 성장을 하는 기업들을 찾아 나서서 미리 투자를 하는 방식이죠. 피터 린치는 이 전략을 쓰는 경우에 10개중 6개만 성공하면 된다고 하고 있습니다. 6개가 몇 천 퍼센트의 수익을 내면 4개의 기업은 망할 수 있다고 보는 거죠. 피터 린치는 동트기 전이 가장 어둡다는 말을 하기도 했는데, 동튼 이후가 더 어둡다는 말도 했죠. 단순히 위험을 분산하기 위해 여러 개의 종목을 가져가지 말라고 했습니다. 최소한 10개 중 6개는 성공해야 하므로, 충분히 공부한 이후에 10개를 사는 것이 좋습니다. 하지만, 이 전략은 위험도가 높기 때문에

ARK의 캐시우드처럼 5년간 수익률이 마이너스인 경우도 있습니다. 따라서, 이 전략을 실패하지 않기 위해서는 퍼를 성장률로 나눈 펙**PEG**을 계산한 후에 1보다 작은 회사들을 고르는 게 좋고, 이를 계산하기 위해 순수익이 플러스가 나는 회사를 고르는 게 좋습니다. 예를 들면 퍼가 20인 회사인데, 수익 성장률이 매년 40%씩 나오는 회사가 있다면 펙은 20을 40으로 나눈 값인 0.5이므로, 안전하다고 볼 수 있습니다. 퍼가 20인 회사가 매년 10%씩만 성장한다면 펙은 2가 나오므로 비싸다고 볼 수 있죠. 저는 성장률을 고려하여 적정주가를 계산한 후에 그보다 싼 주식들을 사는 가치투자자들의 방식을 쓰고 있습니다. 어떤 회사의 퍼가 100이더라도 다음 해에 50% 성장한다고 생각하면 퍼는 1.5로 나누면 66.6으로 줄어들 것이고, 다음 해에는 44.4, 그 다음 해에는 29.6이 되므로 높은 퍼가 정당화됩니다. 주당순이익이 2달러라고 가정한다면 2에 지금의 퍼 100을 곱하면 나오는 200달러라는 주가도 곱하면 적정한 값이라고 볼 수 있죠. 주당 순이익이 매년 50%씩 성장하면 3년 후면 6.75달러로 성장해 있고, 그때 퍼인 29.6을 곱하면 200이 되니까요."

나는 내가 그동안 무엇을 했나 다시 한번 후회를 했다. 그냥 장기투자라는 말만 할 줄 알았지 아무 때나 사서 오래만 들고 있으면 부자가 될 줄 알았다. 이렇게까지 섬세하게 전략을 짜서 주식을 적정가보다 싸게 사서 들고 가야 하는지는 몰랐다. 사는 것이 정말 중요하다는 것을 다시 한번 깨달았다.

아기 돼지 삼형제

일요일은 마이애미의 200여 명 되는 한국인 천주교인들이 모이는 포트로더데일Fort Lauderdale까지 1시간을 운전해서 다녀왔다. 미사를 드리고 준비해 주신 한국음식을 먹으며 신부님과 바울 형제, 마리아 자매 등을 만나고 오래간만에 한국말을 쓰고 오니 살 것 같았다. 한인 마트, 식당, 성당은 모두 물가가 싸고 안전한 포트로더데일에 있다. 마이애미는 남부는 안전한데 북부는 위험하고, 그 위로 올라가서 포트로

더데일까지 가야 조금 살 만하다. 남부 최대의 할인 쇼핑몰이라고 할 수 있는 소그래스밀즈Sawgrass Mills도 이 근처에 있어서, 필요한 쇼핑을 일요일에 모두 끝낼 수 있다. 집으로 돌아와 빨래와 일주일치 볶음밥을 만들어 놓고, 낮잠을 한숨 잤다. 잠에서 깬 후 일요일을 그냥 보내기는 그래서 가까운 코코넛 그로브Coconut Grove에 다녀왔다. 미국 동부 바다를 따라 남서를 가로지르는 95번 고속도로가 끝나는 곳에 코코넛 그로브가 있고, 올랜도 테마파크에서나 볼 수 있는 커다란 맹그로브 나무가 압도적으로 우거져 있는 곳이다. 카페와 식당들이 있고, 내가 좋아하는 이태리 피자가게들이 길거리에서 피자를 팔고 있는 곳이다. 피자 조각을 하나 사들고 걷다가, 요거트 가게 야외 테이블에 앉아서 음악에 취해 멍하니 지나가는 사람들을 쳐다보다가 돌아왔다.

일어나기 싫은 월요일 아침, 더 자고 싶었지만 창문 너머 야자수 사이로 아침 햇빛이 방안을 가득 채운다. 침대에 누운 채로 오늘도 반교수님의 유튜브를 켰다.

회원등급에서 6개월 지나 받는 티아라에서 1년 지나 왕관 쓰고 2년 지나 불사조에 4년이 넘은 킹사조까지 교수님께 교육을 받은 다양하고 오래된 향기 좋은 사람들이 모이는 곳이다. 교수님은 5분이나 사람들 이름을 부르신다. 한 50명은 매일 부르시는 것 같다. 목 아프실 텐데. 토요일은 온라인 정모에서 10분 동안이나 부르신다. 인사방송이라고 하시면서 인사하는 게 가장 중요하다고 하신다. 가끔 생일 축하 노래도 불러주신다. 가족 같이.

유튜브에 공동체가 있다는 게 너무 신기한데, 교수님은 마을 이장님으로 그 역할을 충실히 하신다. 거의 다 외우시며 사는 곳도 외워 주시며 한 명 한 명 신경 쓰시는 것 같다. 인간미가 넘친다! 나도 따라서 거의 다 외울 정도다. 그냥 여기에 들어와 있으면 한인 디아스포라의 모든 한국인들이 모여 있는 것 같고 덜 외롭고 마음이 편하다. 메타버스 세계의 고향 같은 곳이다.

일단 마을에 사람들과 함께 있으면 연대의식이 생겨, 주가가 크게 변동해도 잘 버틸 수 있는 장점이 있다. 팀을 이루어 하면 멘탈이 잘 잡히신다고 하신다. 맞는 말이다. 4월달 하락장에 교수님과 함께 했으면 더 건디기 쉬웠을 것이다. 빠져나오는 것도 도와주셨겠지. 물론 이장님 노래가 음악치료가 되는지 노래를 듣고 있으면 음치이신데도 마음은 편해진다. '꽃피는 봄이 오면 진달래 피고, 무더나 무더나 무더나 ~ 덮어 덮어 덮어 공구리 공구리 공구리~' 가끔씩 나도 모르게 흥얼거린다. 처음엔 이상했는데 어느새 노래를 흥얼거리는 나를 발견하면 입가에 미소가 지어진다. 행복한 거겠지.

오늘도 여느 때처럼 시황을 모두 정리한 후에 테슬라와 제약주들을 잘 묻어 놓고 들고가시는 무더나무더나 님이 처음으로 질문을 던졌다.

"교수님, 장기투자를 할 때는 어떤 종목을 들고 가야 매년 10%씩 수익을 낼 수 있을까요?"

"일단 10%씩 수익을 낸다는 것을 먼저 이야기해볼까요?

평균적으로 10%씩 수익을 낸다는 것은 어떤 해에는 20%이상 수익이 나고 어떤 해에는 마이너스 수익도 난다는 것을 알아야 해요. 6년에 한 번 20% 이상 하락하는 큰 폭락장을 경험하고 2년에 한 번씩 10% 이상 조정을 겪을 수 있는데, 마이너스가 나지 않는 해를 만든다는 것은 거의 불가능하다고 보아야죠. 최근에는 2020년, 2022년, 2025년 잦은 빈도로 세번이나 폭락장을 경험했죠."

"지난 번에 애기했듯이 적립식으로 2010년부터 14년간 400% 정도의 수익을 낸 S&P500을 추종하는 ETF인 SPY나 VOO나 뮤추얼펀드˙를 들고가면 매년 10% 정도씩 수익을 낼 수 있겠죠. S&P500은 안 좋은 종목은 빼고 좋은 종목을 계속 넣는 작업을 하므로 꼭 10% 수익은 안 나더라도 우상향은 할 것이라고 가정할 수 있습니다."

- ETF는 장이 열리는 장중에도 실시간으로 주식처럼 거래가 되고, 뮤추얼 펀드는 장이 끝난 후에 종가 기준으로만 거래가 된다. 401K 등 은퇴자금은 뮤추얼 펀드에 투자가 된다. 따라서 회사에서 뮤추얼 펀드에 투자가 안 되는 경우에는 개인 증권 계좌를 통해 비슷한 종류의 VOO나 SPY 같은 ETF에 투자를 하면 된다.

"교수님 그래도 저는 10% 이상은 수익을 내서 워렌 버핏처럼 가치투자자로 20% 정도는 수익을 내고 싶은데요. 어떻게 할 수 있을까요?" 검은 외투를 즐겨입는 부산의 검은외투님이 물으셨다.

"그런 경우에는 욕심을 더 내서 지수를 이기려고 한다고 볼 수 있습니다. 지수보다 잘하고 싶으면 첫 번째, 위험도를 올리는 방법이 있고, 두 번째, 자산배분을 해서 안전자산을 잘 들고 있다가 가치투자자들처럼 주식 가격이 적정가 밑으로 떨어져 안전마진이 많이 남을 때마다 사면 수익률이 더 높아질 수 있습니다. 후자의 경우가 워렌 버핏이 하는 가치투자 전략입니다. 전자의 경우처럼 위험도를 높인 후에 그 이상의 수익을 달성하는 경우에는 알파를 달성했다고 합니다. 알파를 달성하려면 두 가지 전략을 합치면 가능성이 높아집니다."

"일단 주식별로 위험도를 나타내는 베타 값은 Finviz나 Yahoo Finance같은 곳에 가면 계산된 것이 나옵니다. 테슬라는 2.45라고 나오는데, S&P500지수보다 위험도가 2.45배 높다고 나오죠. 애플은 1.26이 나오고, 지수보다 위험도가 1.26배 높다고 보면 되죠. 따라서 지수가 10% 상승하면 애플은 12.6%, 테슬라는 24.5% 상승할 수가 있습니다. 애플을 가지고 12.6%, 테슬라로 24.5% 이상 수익을 내면 플러스 알파를 달성했다고 하는 겁니다. 공식으로 보면 '수익률 = S&P500 지수 × 베타 + 알파'입니다."

"하지만 위험도는 돈을 잃을 위험도 보여줍니다. 지수가 10% 하락하면 애플은 12.6%, 테슬라는 24.5% 하락할 가능성이 있죠. 물론 TQQQ 같은 3배 레버리지는 베타 값이 3.54로 S&P500 지수보다 35.4% 더 하락할 가능성이 있고, 성장주 ETF인 QQQ가 위험도가 1.18정도이므로 3배 정도 위험도가 높다고 볼 수 있습니다. 올해 2025년처럼 S&P500 지수가 20% 가까이 하락하면 베타 값이 높은 테슬라는 50% 가까이, 3배 레버리지는 70%까지 하락하게 됩니다. 그렇게 떨어지면 마진을 써 주식담보 대출 받은 사람들은 강제매매도 당할 수도 있고 결국 못 견디고 멘탈이 무너져 버릴 겁니다. 돌아올 수 없는 강을 건너가는 것이죠."

"따라서 이런 경우를 대비해서 위험도를 줄이고 자산배분과 분산투자를 해 놓아서 위험에 대비해야 하는 것입니다. 아기돼지 삼형제 아시죠. 자산배분 없이 위험자산의 위험도만 높인 경우가 짚으로 지어진 집이라고 볼 수 있고, 자산배분은 해 놓았지만 한바구니에 계란을 다 담은 몰빵을 하는 경우가 나무로 지은 집이라고 볼 수 있어요. 결국 늑대라는 세력들이 와서 바람을 크게 불거나 흔들어 버리면 다들 부서지며 떨어져 나가게 되죠.

위험도를 적절히 유지하며 자산배분도 하고 분산투자도 해 놓은 투자자는 벽돌집을 지은 것과 같답니다. 바람이 아무리 불어도 집을 흔들어도 집은 부서지지 않고 견고하죠. 모래가 아닌 반석 위에 지은 집과 같습니다. 시장에 조정이 오거나 폭락이 올 때 오히려 비중이 높아진 안전자산에서 열매를 따서 떨어진 위험자산으로 일부 이동시키거나, 덜 떨어진 가치 방어주에서 돈을 이동시켜 비중이 작아진, 많이 떨어진 주식들을 살 수 있겠죠. 적정주가보다 싼 주식들을 안전마진을 보고 산다면 그 언젠가 주가가 많이 반등하면 20% 정도의 수익도 가능할 것입니다. 주식시장에 악재가 터져 다시 바람이 불고 파도가 쳐 주가가 다시 떨어져도 멘탈이 흔들리지 않을 것입니다. 싸게 사면 시장 변동성과 상관없이 마음에 항상 평화가 있습니다."

"그러면 교수님, 튼튼한 벽돌집을 지으려고 하는데, 각 자산은 몇 프로씩 가져가야 할까요?" 이곳 마이애미에서 잘 나가시는 날으는고양이 님이 물으셨다.

"그것은 개인의 상황에 따라 다릅니다. 보통은 100세까지 산다고 가정하고 자기 나이의 퍼센트만큼 안전자산을 가져가라고 하죠. 40세면 40%, 60세면 60%를 안전자산으로 가져가는 게 원칙입니다. 나이보다 투자기간으로 본다면, 투자기간이 10년 이상이지만 투자 가능 기간이 20년 이내로 남은 경우에는 위험도를 조금 더 높여 벤저민 그레이엄의 반반 전략을 써서 안전자산 50%와 위험자산 50%를 가져가면 됩니다. 채권과 달러를 50% 정도 가져가고 나머지 주식 50%를 10종목에 5%씩 가져가면 적절한 위험을 감수하며 투자할 수 있습니다. 또한 나이나 투자기간과 상관없이 미국에서 보편적인 6:4 전략을 쓰면 40%를 채권과 달러에, 위험 자산 60%를 10으로 나누면 6%씩 주식을 가져가면 되겠지요.

하지만, 은퇴를 했거나 은퇴에 가까이 와서 투자할 시간이 얼마 남지 않은 경우에는 실패하면 회복할 가능성이 현저히 낮아지므로, 무조건 보수적으로 운영해야 합니다. 레이 달리오Ray Dalio의 올웨더 포트폴리오All Weather Portfolio가 적합한데, 이를 운영하려면 채권 25%, 금 25%, 달러 25%, 주식 25%를 가져가면 많지는 않지만 어떤 환경에서도 잘 견디면서 수익을 낼 수 있습니다. 이 경우에는 지수 추종 ETF를 가져가거나, 주식을 가져간다면 10종류로 분야별로 잘 가져가며 2.5%씩 가져가는 게 좋을 것입니다.

최근 전 세계적 관세 무역 전쟁과 우크라이나, 이스라엘, 이란, 대만 등 지정학적 문제가 있는 경우에는 가장 안전한

자산으로 금이 잘 오릅니다. 미국 내에서는 가까운 시일 내에 침체 위기가 있는 경우에는 국채에 대한 수요가 높습니다. 특히 장기 채권에 대한 수요가 높습니다. 그러면 국채 가격은 오르고 반대로 움직이는 국채금리는 떨어지게 됩니다. 단기적으로 경기가 불안하여 10년 이상의 장기채권 금리가 2년 이내의 단기채권 금리보다 낮아지면 장단기 금리차가 역전되었다고 하면서 침체가 곧 올 것이라는 것을 보여주기도 합니다. 가까운 미래에 침체가 온다고 생각하므로 단기 채권에 대한 수요가 줄어들며 높은 금리를 주어야 하는 상황이 오므로 단기채권 금리가 올라가게 됩니다. 2022년에서 2024년까지 침체가 올 것을 예상하여 6개월 이내의 국채금리가 5% 이상 유지된 것이 그런 이유 때문이었습니다. 2025년 현재도 침체확률이 35%에서 50%정도로 유지되므로 6개월이내의 단기채권의 금리가 2년물보다 높게 4%대에서 유지되고 있습니다.

하지만, 여기서 주의할 것은 국채 금리가 오르고 내려가는 것에 따라 투자를 결정하기보다는 왜 떨어지고 올랐는지를 보고 투자를 결정하는 것이 합리적입니다. 상대적으로 미국의 경기가 다른 나라보다 좋아 미국의 신뢰도가 올라간다면 침체가 오지 않더라도 10년물 같은 장기 미국채에 몰리기도 합니다. 그러면 국채 가격은 오르고 금리는 떨어지게 되죠. 물론 달러와 미국 주식에 대한 수요도 몰립니다. 반대로 2025년처럼 트럼프의 관세정책으로 미국의 신뢰도가 떨어지면 셀 아메리카Sell America현상이 일어나며 미국채와 달러, 주식을 팔고 금과 엔화, 스위스 프랑을 많이 삽니다. 따라서, 레이달리오처럼 채권, 금, 달러, 주식을 골고루 분산하여 가져가는 것이 돈을 잃지 않는 가장 강력한 벽돌집을 지어놓는 것이라고 볼 수 있습니다."

교수님의 말을 들으며 나는 내가 얼마나 무모하게 위험에 대비하지 않고, 모든 자산을 주식에만 몰빵하고, 그것도 위험도 조절없이 3배 레버리지에 넣었는지를 돌아보게 되었다. 나의 집은 운이 좋으면 조금 오래 갈 수 있었지만 언제든 날아갈 수 있는 짚으로 지어진 집이었다.

전쟁 삼국지
: 전략

"교수님 저는 30대이고 젊으니까 주식 70% 이상으로 80%까지 가져가도 되겠지요? 아직 투자기간도 30년이 더 남았고요?" 주식시장에서 살아남고 싶어하는 뉴욕에 사는 건축가인 라이언주식구하기 님이 물었다.

"아마 지금까지 1억 정도는 모았을 것으로 보이는데 맞나요?"

"네 맞습니다!"

"1억을 모으는 데 꽤 오랜 시간이 걸렸을 텐데, 무리하게 위험도를 높여 투자하다가 언제든 올 수 있는 폭락장이 와서 50% 이상 손해가 날 수도 있는데 괜찮겠어요? 다시 복구하는 데는 만약 5천만 원이 1억이 되려면 100% 수익을 내야 하고, 굉장히 고통스럽고 힘든 오랜 길이 될 수 있을 텐데요. 부모님이 잘 살아서 1억을 그냥 주셨다면 그 돈 없어도 살 수 있겠지만, 10년 정도 힘들게 오랫동안 모은 돈은 조금만 잃어도 마음이 아플 거예요. 크든 작든 소중한 돈이므로, 이왕이면 40% 이상의 안전자산은 항상 유지하는 게 좋을 거예요. 그래야 주식시장에 큰 폭락이 와서 위험자산 60% 비중에서 반 타작을 하더라도 30%는 남기고 안전자산 비중 40%와 함께 70%는 유지되어서 다시 주식을 구하고 복구할 희망과 기회가 생길 거예요. 주식이 폭락했을 때 안전자산을 이용해서 줍줍하고 주식시장이 어느정도 회복된다면 원래 투자파이 크기를 빠르게 회복도 하고, 원래 투자금 이상의 수익도 낼 수 있게 되죠."

"주식시장은 전쟁터입니다. 주식을 사서 끌어올리려는 다양한 세력(황소)들과 주식을 끌어내려서 수익을 내려는 공매도(곰)들의 전쟁이라고 볼 수 있죠. 삼국지에서 보는 여러 실제 전투전략들이 주식시장에도 잘 맞아 떨어집니다. 예를 들면 산 위에 진지를 지으면 포위를 당해 불리한 상황이 되는데, 주식도 아주 높은 가격인 고점에 사게 되면 쉽게 공매도들의 공격을 받고 지게 되죠. 나무를 산 위에 심으면 물도 근처에 없고 추위도 많이 타서 살아남기가 힘든 이치와 비슷하죠. 과열되었다가 고점에서 주가가 폭락을 하며 떨어지는 시장에서는 그 누구도 여전히 비싼 가격에 사고 싶어 하지 않아 주가가 한없이 떨어지는 경우도 있습니다. 얼마전 2025년 전반기에 테슬라가 488달러에서 214달러까지 떨어질 때 보셨을 겁니다."

"또 다른 예로 삼국지에서도 후퇴할 때는 적절한 방어를 하면서 도망가야 하는데, 너도 나도 공황에 빠져 먼저 팔아버리는 패닉셀 Panic Sell이 나오면 주가는 힘없이 떨어지게 됩니다. 차트의 지지선에 다을 때 마다 저가 매수 세력들이 들어와 방어를 해주면 조금씩 수익을 실현하면서 손실 방어를 하며 빠져나가면 손해가 덜하겠죠. 이런 역할은 기관의 전문가들이 나와서 해줍니다. 이미 하락하는 흐름에서 미디어에 나와 주식이나 주식시장에 대해 좋은 얘기를 해주면 일시적인 반등인 데드캣 바운스^{Dead Cat Bounce}들이 일어나는데 그 기회를 통해 조금이라도 덜 손해를 보고 빠져나오게 되죠. 본인 주식을 구할 수 있는 마지막 기회죠.

잠깐 반등하는 것을 보면서 그동안 좋았던 시장에 아직도 취해 있어 다시 상승하는 줄 알고 사는 경우도 있는데 이걸 불 트랩^{Bull Trap}이라고 부릅니다. 일종의 덫이라고 볼 수 있는데 여기서 잘못 사면 최고점은 아니지만 상당한 고점에서 주식을 사는 경우가 빈번합니다. 따라서 적정주가 기준으로 판단하는 게 중요합니다. 그렇게 하면 이러한 덫에 걸릴 이유가 없겠지요. 반대의 현상을 베어 트랩^{Bear Trap}이라고 부르지요. 바닥을 치고 상승하여 올라가는 시장에서 아직도 공포에 사로잡혀 있어 살짝만 다시 떨어져도 공포에 다시 파는 경우도 있습니다. 이 경우도 적정주가를 기준으로 판단하면 팔 이유가 없는데도 말이죠."

"이러한 주식 전쟁터에 나가면서 안전자산과 분산투자를 안 한다는 것은 방패와 투구를 차지 않은 채로 전쟁터로 나가는 것과 같죠. 겁 없이 최전선이라고 할 수 있는 가장 높은 가격대에서 전투를 벌이다가 고점을 잡고 실수를 하는 경우에 총알을 맞고 중상을 입어 다시는 회복을 못 하는 상태로 빠지게 됩니다. 회복을 해도 투자 파이가 너무 작아져 회복하는 데는 꽤 오랜 시간이 걸리게 됩니다. 항상 안전자산으로 보험을 드는 헤지**Hedge**를 하며 위험에 대비해야 하고 분산투자를 통해 손해가 나더라도 최소한의 손해가 나도록 해야 합니다. 또 주식이 많이 하락하여 주식시장에 공포가 팽배할 때는 안전자산을 이용해 싼 주식들을 사주며 아군을 구해내고 도와주기도 합니다. 결국, 멘탈도 잘 잡고, 수익도 많이 내게 됩니다."

개미와 베짱이

어제는 갑자기 무더웠던 날 저녁, 쿠바 출신 변호사 친구들인 조지와 어니가 8번가 리틀 하바나에서 만나자고 해서 나갔다 왔다. 내 미국 이름 주스를 만들어준 친구들이다. 혼자 지내는 내게 전화를 해줘서 무척 고마웠다. 칼레 오초 **Calle Ocho**라고 불리는 쿠바 문화의 거리는 각양각색의 화려한 벽화와 쿠바의 라틴 재즈와 음식, 역사를 접할 수 있는 곳이다. 화려한 농부 옷을 입은 수탉이 보이기 시작하면 칼레 오초의 입구라고 볼 수 있다. 카스트로 정권을 피해 이민을 온 쿠바인들이 많이 모여 사는 곳이다. 나는 친구들과 늘 가는 트로바Trova 카페에 앉아 팔로미야 스테이크와 모히토를 즐기고, 즐겁게 담소를 나누다 집으로 왔다. 3년을 같은 법대에서 공부한 친구들이 500마일이나 떨어진 이곳에서 이렇게나마 직업을 구해 일을 하고, 가끔씩 만날 수 있어 다행이라는 생각을 했다.

시원한 빗소리가 천장을 뚫고 아침을 깨운다. 오늘도 아침 일찍부터 이불 속에서 반교수님의 유튜브를 틀었다. 이미 대화는 어느 정도 진전되어 있었다. 처음 보는 주린이인 겸둥이맘 님이 원초적인 질문을 하였다.

"교수님 저는 이 주식 저 주식 모두 다 갖고 싶어 다 사버리고, 이미 현금을 다 써버리고 손해도 많이 난 상태라 바닥인데도 줍줍을 못하는 상황인데 어떻게 하죠?"

"일단은 적정주가 밑이고 바닥 근처라고 보면 버티는 수

밖에 없습니다. 내려가다가도 언제 그랬냐는 듯이 오르는 게 주식시장입니다. 바닥근처에서는 주식들이 많이 싸져서 기관들이 개미들이 던진 주식들을 모두 싸게 사게 됩니다. 1억 달러 이상 투자하는 기관들이 SEC에 보고하는 13F 공지를 보면, 이번 2025년 1분기 하락장에도 현금이 준비된 기관들이 엔비디아 270억 달러, 테슬라 120억 달러 정도 더 열심히 줍줍한 걸 보면 알 수 있습니다.

이미 지나간 것은 후회할 필요가 없고, 이번 실수를 통해 다음부터는 현금을 유지하고 준비하는 습관을 들여야 합니다. 내려가다가 어느 정도 바닥을 다지고 주식시장에 모멘텀이 돌아와 회복을 하면 같은 실수를 반복하지 말고 리밸런싱 Rebalancing을 하며 조금씩 열매를 따 놓아야 합니다. 이를 전략적 자산배분 Strategic Asset Allocation이라고 하죠. 본인이 처음에 생각해 놓았던 안전자산의 비중과 각 개별 종목의 비중을 맞추는 작업을 해야 합니다. 50:50으로 위험자산: 안전자산, 그리고 10개 종목을 5%씩 가져가기로 비중을 정했다면, 많이 회복하여 5% 이상 높아진 비중의 종목들에서 열매를 따서 이것들을 맞추려는 노력이 필요합니다. 이 5%가 본인의 뿌리며 거위의 몸통이라고 볼 수 있죠."

"교수님 저는 평단가가 높아서 조금 더 올라야 하는데 어떻게 하죠?" 처음 오신 과학적으로 주식을 할 것 같은 항아과학 님이 물었다.

"주린이 감별법이라고 있는데 평단가에 집착하거나, 언제 사야 하는지 타이밍을 묻거나, 앞으로 주식시장이 어떻게 될지 예측하거나 묻는 분, 조급하며 일찍 샀네, 일찍 팔았네 하시면 최고점과 최저점을 잡으려고 하는 분, 호흡이 짧아 조금만 떨어져도 손해났다고 징징대시는 분, 조금만 올라도 열매도 안 따고 수익 났다고 좋아하시는 분, 이 종목이 어때요 하면서 아직도 꽃과 잡초를 구분 못하시며 적정가격에 대해서는 묻지 않는 분들 등이 있습니다."

"꼭 병아리 감별법 같네요 ㅋㅋㅋ" 듣고 있던 녹차파운드케익을 좋아하시는 녹파케 님이 웃으셨다.

"여기서 중요한 것은 본인 평단가 기준이 아니라 적정주가 기준으로 판단하셔야 해요. 적정주가이외의 모든 주가는 허상입니다. 본인의 주관적인 평단가는 세금 낼 때 이외에는 판단 기준이 돼서는 안 됩니다. 평단가의 유령을 조심하셔야 합니다. 주린이들이 주식시장 좋을 때 들어와서 인기 좋은 주식을 사기 시작하면서 잡은 고점이 평단가가 되면서 그것이 기준이 되고, 몇 년 동안 본인의 발목을 잡고 놓아 주지를 않죠. 2021년에 테슬라를 400달러 이상에 사서 4년이 지나도 회복하지 못하고 있는 분들은 평단가의 유령에 발목 잡혀서 빈곤의 악순환이 계속되는 거죠. 유령 유튜버들의 영향을 받아서 주식은 안 파는 것이라는 이상하고 지나친 고집까지 생기면서 몇 년이고 물리면서 괴롭게 버티는 거죠. 물론 그런 사람들이 몰려 있는 곳에 가서 한 번도 안 팔았다는 자랑도 하고 다니면서 칭찬도 받지요. 우물 안 개구리들은 자기만의 세상이 전부인 줄 알기 때문에 세상 밖으로 나와 큰 경험을 하지 않는 이상은 그 고집을 깨뜨리기가 정말 어렵습니다. 주식 공부를 새로 하면서 빈곤의 악순환을 끊고 처음부터 다시 시작해야 하는데, 직·간접적 영향으로 지나친 고집까지 생겨 그러지 못하죠. 지나온 허송 세월도 아깝기도 할 테고요. 여기에서 우물 안에 있다는 것을 깨닫게 해줄 좋은 멘토를 만나는 것이 중요하고, 기회가 왔을 때 멘토의 말을 잘 듣고 잘못된 길에 들어섰을 때 용기 있게 잘못을 인정하는 것이 중요합니다. 시간은 걸리겠지만 아집과 자존심을 버리고 용기 있게 처음으로 돌아와서 다시 옳은 방향의 길을 걸어가며 시작하는 것이 먼 훗날 인생 끝에서 돌아보면 잘했다 생각하시게 될 거예요."

"본인이 고점에서 잡은 것에 대해 인정을 하고 주관적인 평단가라는 것을 잊으면 다시 시작이 가능해집니다. 다시 처음부터 시작한다는 마음으로 적정가격 근처나 그 이상으로 올라오는 경우에나 운이 좋아 본인의 평단가까지 회복하는 경우에 모든 것을 한번 정리하고 다시 시작하는 마음으로 열매를 따는 게 중요합니다. 물론 높은 평단가 기준으로 그보다 싸게 팔면 손절이 될 수도 있죠. 같은 종목이라도 적정가보다 싸게 산 것들은 남겨두고 비싸게 산 것들을 손절하며 정리하면 평단가도 적정가나 그 밑으로 잘 조정이 될 것입니다. 이렇게 주식시장이 좋아 기회를 줄 때 자산배분을 다시 해 놓으면 다음 위기에는 견디기 쉬워지고 기회를 잡을 수 있을 것입니다. 요즘 같이 관세나 무역정책으로 경기 불확실성이 높은 상황에서는 조금 빠르게 민첩하게 움직일 필요가 있어요. 30년 투자 인생에 최소 5번 이상의 큰 폭락장을 경험할 텐데, 한번 리셋을 하면서 공부도 다시하고, 다시 처음부터 적정주가 기준으로 제대로 시작한다면 은퇴할 때까지 큰 부를 이룰 가능성이 높아집니다." 이 이야기를 들으니 나도 다시 시작할 수 있겠구나 하는 자신감이 생겼다.

"개미와 베짱이 같죠. 날씨 좋고 열매가 주렁주렁 열렸을 때 노래 부르며 즐기기보다는 개미들처럼 열심히 열매를 따서 창고에 쌓아 놓아야겠죠. 그러면 2년에 한 번 꼴로 오는 조정장처럼 추운 겨울이 오더라도 잘 견딜 수 있고 싸게 살 수 있는 기회를 잡을 수 있게 됩니다. 현금은 목숨줄이라고 얘기 드렸습니다. 안전자산은 주식시장의 큰 변동이 와도 여러분의 멘탈을 평화롭게 지켜줄 것입니다."

"지난 번에도 얘기했지만 자산 배분은 일단 100살까지 산다고 가정하고, 자기 나이 수만큼의 퍼센트로 안전자산을 확보하려고 노력해야 합니다. 40살이면 40%, 60살이면 60% 정도 보유하려고 노력하는 게 좋습니다. 나이가 어릴수록 투자에 실패해도 회복할 시간이 많기 때문에 20세는 안전자산을 20% 가져가기도 합니다. 저는 벤저민 그레이엄이 추천하듯 반반 전략 50%를 가져가려고 노력합니다. 물론 나이도 50세이구요. 보이는 건 39세인데요. 하하하." 교수님은 멋쩍으신지 웃으셨다.

"교수님 진짜 그렇게 보이세요~진짜예요~^^" 맘씨 좋은 해피제니 님과 부지런한 부지런 님이 호응해 드렸다. 교수님은 자기 나이보다 10년 정도 젊게 보이면 성공한 인생이라고 늘 말씀하시는데, 정말 그러신 듯하다.

"ㅎㅎㅎㅎㅎㅎㅎㅎ!" 벨기에의 연구원 아나캉 님은 인정 못하겠다는 듯이 그저 웃기만 하셨다.

"안전자산은 단기채권, 금, 달러, 부동산 등이 있습니다. 위험도가 작은 만큼 수익률도 5%정도로 높지 않습니다. 요즘 단기 국채는 4%대 수익률을 주고 있고, BIL, GSY, SGOV 같은 ETF로 사거나 Treasury Direct 홈페이지에서 직접 경매를 통해 구매할 수도 있습니다. 금은 실물로 코스트코 같은 데서 사도 되고 GLD같은 ETF를 사도 됩니다. 채권, 금, 달러를 골고루 가져가도 되고요. 부동산도 직접 사도 되고 부동산을 종합적으로 투자관리하는 REIT Real Estate Investment Trusts를 통해 투자하면 됩니다."

"전략적 자산 배분에 대해서 조금 더 자세하게 설명해 주시겠습니까?" 최근에 테슬라 2배 레버리지를 투자하다 정리하신 청주의 한의사이신 한방마마 님이 물으셨다.

"전략적 자산배분 Strategic Asset Allocation은 이전에 얘기 드린 듯이 본인 상황에 맞게 자산배분을 한 이후에 각 자산의 가격이 올라가거나 내려가는 변동으로 비중이 변화하는 경우에 정기적으로 돈을 옮기는 리밸런싱을 통해 비중을 맞추어 주는 것을 의미합니다. 안전 50%, 위험 50% 가져가기로 했는데, 분기말에 주식시장이 폭락하여 안전 60%, 위험 40%로 떨어지면, 안전 자산 10%를 빼서 위험 자산으로 이동시키는 것을 말합니다. 물론 전체 파이는 조금 쪼그라들었겠죠. 그러다 주식시장이 다시 회복하여 위험자산이 60%, 안전자산이 40%로 바뀌면 위험자산 10%를 팔아서 안전자산으로 옮겨줍니다. 이때는 파이가 다시 커져 있겠죠. 정기적으로, 특히 분기별로, 아니면 시장이 지나치게 과열되거나 지나치게 떨어졌을 때 하면 좋습니다. 이렇게 해주면 과열기에 하락에 대비도 할 수 있고 하락해도 충격이 덜하며, 조정장에서 저가에 위험자산을 사서 주식 개수가 증가할 수 있는 여유가 생기며, 다시 주식이 오르면 주식 개수가 더 늘어난 상태에서 수익이 더 커집니다. 가만히 있는 것보다는 장기적으로 투자파이가 계속적으로 빠르게 증가하는 것을 보게 될 것입니다."

황금알을 낳는 거위

5월도 둘째 주가 지나자, 날씨도 많이 풀리고 새로 나온 연둣빛 나뭇잎들이 파란 하늘을 채우며 제법 봄 냄새가 가득하다. 주식시장은 미중간의 화해 기대감으로 트럼프의 상호관세 선언 이전인 S&P500이 5900대까지 회복하였다. 바닥에서 줍줍한 미투리 주민들의 상당수가 양전을 하기 시작했다. 하지만, 나는 손해가 컸던지라 그다지 많이 회복하지 못하였다. 반교수님이 라이브 유튜브 중에 수익률 조사를 했는데, ① 30% 이상, ② 10~20%, ③ 0%에서 10%, ④ 마이너스 손해 중에 고르라고 하였다. 나는 부끄럽게도 참석자 중 15%밖에 고르지 않은 4번을 골랐다. 아직도 마이너스이다. 사실 회복해도 고점 대비 -98%라는 사실을 창피해서 누구에게도 말할 수는 없었다. 일단은 공부에 매진하며 성장하는 것으로 하고, 월급을 적립식으로 모을 계획이다. 교수님 말씀대로 과거를 보고 슬퍼하며 후회하지 않고 앞만 보고 긍정적으로 갈 생각이다. 아직 살 날이 70년 이상은 남았다.

"교수님 주식시장이 다시 탐욕구간으로 들어오고 과열되었는데, 이때 열매를 다 따버리면 안 되나요? 그리고 어차피 다시 떨어지면 줍줍할 건데 현금이 더 많으면 좋지 않을까요?"

궁금한 것이 항상 많으신 뉴욕의 Y서연 님이 물었다.

"황금알을 낳는 거위를 잡으시면 안 됩니다. 결국, 다시는 황금을 못 낳게 되겠죠. 마치 열매를 잘 맺는 좋은 나무를 심어 놓고 뿌리 채 뽑아버리는 것과 같은 것이죠. 주가는 적정주가 위로 올라간다고 해도 어디까지 과열될지는 아무도 모릅니다. 주가는 떨어질 하향 위험성만 있는 것이 아니라 계속 오를 상향 위험성도 있습니다. 예측을 하여 다시 아래로 내려간다고 여기가 고점이다 확신을 하고 도박을 하여 다 팔았는데, 계속 올라가버리면 마음이 무척 아프죠. 후회도 많이 남고요. 물론 이미 과열된 주식을 따라가며 추가 매수하는 것도 위험하지만, 너무 일찍 뛰어내려서 수익을 더 낼 수 있는 기회도 상실할 수 있죠. 지나치게 부정적인 생각이 들어오기 시작하고 확신이 들면 일찍 뛰어내릴 가능성이 높습니다. 따라서 한번에 움직이기보다는 어느 정도 뿌리는 남겨 놓으며 조금씩 열매를 따는 것이 중요합니다. 최저점도 그렇지만, 최고점도 확신하거나 예측하여 정확하게 타이밍 잴 수 있는 것이 아닙니다. 앞으로 떨어질 것이라고 예측하며 따는 것이 아니라, 언젠가 돌아갈 적정주가에서 몇 퍼센트 상승해서 지금 수익 실현을 해야 하는 상황인지만 파악하면 됩니다. 본인 자산에서 현금 등 안전자산이 지나치게 부족하면 더욱 수익실현을 해야겠죠."

"최근에도 2024년 11월부터 12월까지는 지나치게 과열되어 100%에서 500%까지 올라간 주식들도 있었습니다. 테슬라도 240달러에서 488달러까지 올라갔었고요. 따라서 조금 10%정도 올랐을 때 거위를 잡으셨으면 큰 수익을 못 냈을 가능성도 있죠. 10%나 5%씩 목표를 정하고 도달할 때마다 조금씩 열매를 따면서 올라간 비중만큼만 걷어 냈으면 450달러 이상까지 꾸준하게 수익 실현을 할 수 있었을 거예요. 보통 확률적으로 가장 수익률이 좋다는 캘리 공식**Kelly Criterion**에 따라 5번에 나누어 땁니다. 물론 분위기가 좋아 주가가 더 많이 올라 비중이 많이 오르면 그 이상 6번에서 10번도 딸 수 있을 거예요. 얼마가 걸려서 그 열기가 빠질지는 모르지만 나중에 적정주가로 회기해서 보면 평균적으로 상당히 높은 가격에 열매를 딴 것을 볼 거예요. 제일 먼저 딴 주식이 가장 일찍 딴 주식이라 조금 후회가 남을지라도 언젠가 시간이 많이 지나면 쓰일 때가 있겠지 하면서 인내 있게 기다리면 그 가격이나 그 이하로 가격은 돌아올 것입니다."

"한번에 확신을 가지고 뿌리를 일찍 뽑거나 거위를 죽이면 일생에 몇 번 오지 않는 큰 기회를 놓칠 수 있답니다. 확신을 가지고 다 뽑는 행위는 물론 도박에 가까운 행동이죠. 확실히 다시 떨어질 거라는 베팅을 하게 되는데, 틀리면 그 후회가 정말 막심하고 마음이 무척 아프답니다. 다 팔고 떨어지면 다시 쌀 때 더 사면 더 크게 벌 수 있을 텐데 하고 예측하는 것은 물론 욕심에서 나오는 거고요. 또 잘 가지고 있던 주식을 뿌리 채 뽑았다 심었다 하면 뿌리가 약해져서 조그마한 시장의 호재나 악재에도 심리적으로 흔들려 쉽게 뽑을 가능성이 높아집니다. 주식 창의 주가만 보고 있다가도 감정에 흔들려 팔아버립니다. 뇌동매매라고 하죠. 이런 나쁜 버릇은 쉽게 들어오죠. 주식 창만 매일 보고 잠을 안자는 중독현상도 생기게 됩니다. 이렇게 사고 팔다가 손해가 나게 되면 좋은 주식이라고 생각해서 산 본인 주식에 대한 믿음도 많이 약해지죠."

"비중조절을 하면서 조금씩 열매를 따면서 수익실현을 하고 주가가 떨어지면 채워 넣는 식으로 하면서, 뿌리와 몸통을 유지하는 좋은 습관이 들면 웬만한 시장의 악재에도 흔들리지 않습니다. 주가가 오르락내리락하는 변동성에도 흔들리지 않죠. 밤을 새가면서 주가창을 볼 필요도 없습니다. 성공하는 사람들은 좋은 습관이 많은데, 장기투자자의 좋은 습관이 만들어 지는 거죠. 나쁜 습관을 없애고 좋은 습관을 만드는 것은 굉장히 어려운 일이고, 보통은 습관을 만드는 데 평균적으로 66일 정도가 걸린다고 하죠. 이런 좋은 습관은 오랜 시간이 지나면 복리효과로 여러분을 워렌 버핏처럼 부자로 만들어 줄 것입니다."

성공하는 사람들의 습관들에 대해서는 많은 얘기를 들어 왔다. 하지만, 오늘은 왠지 내게는 새롭게 들리는 이야기다. 가랑비에 옷 젖듯이 유학 와서 지금까지 내게는 너무 많은 나쁜 습관들이 배어버렸다. 술과 담배 그리고 도박이라는 누구나 아는 나쁜 습관에다가 설거지를 쌓아 놓고 아침에 벌떡 일어나지 못하고 이불 속에 누워 있거나 소파에 누워 티브이만 보고 있는 등 갑자기 생각해 보니 너무 많았다. 인내심 없이 주식을 사고 팔며 노심초사 주가창을 항상 확인하는 습관, 3일 밖에 안가는 호재와 악재들 쫓아 구천을 떠돌듯이 유령처럼 이 유튜브 저 유튜브 기웃거리는 습관, 빠르게 부자가 되겠다는 허황된 꿈을 꾸는 습관, 후회하는 습관 등도 포함이다. 일단 핸드폰 노트에 나쁜 습관들을 적어보고 하나하나 없애려고 노력해야겠다. 그 다음 건강한 좋은 습관들로 나의 삶이 채워지기를 바란다.

빨간 망토:
양의 탈을 쓴 늑대

날은 흐리고 비는 오지만 날이 따뜻해져서 그런지 기분이 많이 좋다. 어제는 오래간만에 한국 성당에서 만나 썸 타고 있는 혜교와 함께 비즈카야Vizcaya 박물관에 다녀왔다. 코코넛 그로브 동쪽 바닷가에 자리잡은 1912년에 지어진 오래된 이태리 르네상스식 저택이다. 르네상스식 조각들로 잘 꾸며진 이태리식 정원도 멋져 산책하기 좋다. 유럽에서 직접 떼온 황금 빛 내부 벽과 반짝이는 샹들리에와 인테리어들, 아름다운 명화들과 골동품과 가구들이 각 방마다 화려하게 장식되어 있는 곳이다. 현관문을 지나 로비에서 커다란 유리벽 너머로 보이는 바다 풍경이 항상 내 마음을 기쁘게 한다. 마이애미에서 내가 제일 좋아하는 곳인 이유다.

오늘 아침은 이불을 박차고 일찍 일어나 반교수님이 알려주셔서 어제 열심히 만들어 놓은 해독주스와 시리얼과 에티오피아산 커피로 아침을 잘 준비하였다. 주식뿐 아니라 나의 삶이 조금씩 바뀌고 있는 걸 느낀다. 오늘은 기도도 하고 아침을 먹으며 반교수님 아침 라방에 들어갔다. 오늘은 미디어에 대한 이야기를 하고 계셨다.

"교수님 요즘 같이 인터넷 정보가 넘쳐 나는 시대에 어떤 정보를 들어야 하나요? 지난 번에 주가에 일시적 영향만을 미치는 호재나 악재를 따라다니지 말라고 하셨는데요." 워싱턴 D.C.에서 날씨를 항상 알려주시는 D.C. 특파원 마이클님이 물으셨다.

"좋은 주식을 고르고 적정주가 기준으로 판단하며 비중을 적절하게 조절해 나가는 여러분의 판단을 흐리게 만드는 가장 큰 주범은 미디어입니다. 주가창을 보며 감정에 흔들릴 수 있지만, 결국 여러분을 흔드는 것은 월가의 미디어, 소셜미디어의 글들, 유튜버들과 전문가들, 기자들이라고 볼 수 있습니다.

빨간 망토 이야기를 아시지요. 할머니를 잡아먹은 늑대가 빨간 망토 소녀도 잡아먹으려는 이야기지요. 각 사회의 서로 다른 이해관계를 대변하는 미디어와 인플루언서들은 여러분의 이해를 대변하는 척하며 여러분을 잡아먹으려고 기다리고 있습니다. 대표적인 월가의 미디어들과 전문가들은 모두가 납득할 만한 사실을 만들어 내죠. 그 사실과 이유들은 너무 설득력이 강해 월가의 펀드 매니저들과 트레이더들의 마음을 흔들어 시장을 한쪽 방향으로 움직이게 만듭니다. 월가가 움직이면 전 세계의 매니저들과 트레이더들이 움직이고, 그 뒤를 이어 소매업자와 개인들이 따라가게 됩니다. 먼저 움직인 이들은 항상 이득을 보는 구조이죠. 먼저 사면 더 많은 이익을 얻게 되고, 먼저 팔면 손해를 거의 안 보고 주가를 떨어뜨려 싸게 다시 살 수 있게 되죠. 개미라 불리는 개인들은 따라다니면서 더 비싸게 사고 더 늦게 팔면서 수익을 보장할 수 없는 상황에 놓이게 됩니다. 오히려 기술이 부족하면 돈을 많이 잃을 수가 있죠."

"짜고 치는 판에서는 개인들은 절대 이길 수가 없습니다. '더 지니어스'나 '데블스 플랜' 등 천재들을 모아놓고 하는 서바이벌 TV 예능들을 많이 보셨을 겁니다. 우승은 게임 룰을 이해하고 아이큐가 높아야 이기는 것이 아니라, 자기 편을 많이 끌어들여 게임의 룰을 자기에게 유리하게 만드는 사람이 이기게 됩니다. 기관들은 기관들의 이익을 위해 그 회사와 연관된 미디어와 전문가를 활용하고, 그렇게 수익률을 높여 투자자들의 유입을 유도하죠. 유튜버와 기자들은 영상과 기사의 조회수를 올려 광고와 수수료를 챙기려고 하죠. 요즘과 같은 인터넷시대에는 대형 투자회사와 인기 전문가와 인플루언서가 특정 주식을 추천하면 인터넷을 타고 쉽게 전파되어 주가에 영향을 주는 경우가 많습니다. 물론 영향력 있는 주체들은 계속해서 시기별로 바뀝니다. 대부분 주식시장이 좋아 누구든 돈을 버는 시기에 몰빵이나 레버리지를 추천하면서, 돈을 많이 벌었다고 하며 유명해지며 반짝 떴다가 사라지는 경우가 많죠. 소위 운빨로 성공한 사람들을 따라가면서 본인도 같은 운이 있을 것이라고 믿는 것은 비합리적이며 위험한 생각입니다. 무엇보다 중요한 것은 100억이 있든 30억이 있든, 이렇게 운이 좋았던 그 누구도 다른 기관과 사람들을 위해 선한 사마리아인처럼 도와주거나 희생하지도 않습니다. 미디어가 돈을 버는 것이 아니라 시청자가 돈을 안 잃고 꾸준히 돈을 버는 것이 중요한데, 여러분을 위하는 미디어는 없습니다.

따라서, 우리 개미들은 이들이 어떤 의도로 게임을 장악하여 룰을 바꾸어 나가는지, 정보를 왜곡하여 전달하는지 정보 분별력Information Literacy을 키우는 것이 정말 중요합니다. 요즘은 인터넷과 레딧Reddit과 같은 소셜미디어의 발달로 이런 기관들의 게임의 규칙에서 벗어나려고 노력하는 소매의 움직임들이 자주 보입니다. 한 예로 2021년 로어링키티

Roaring Kitty라 불리는 키이스 길Keith Gill이라는 로빈후드 같은 사람의 지휘아래 게임스탑Game Stop주식을 끌어올리며 공매도를 섬멸하는 현상도 보여주었습니다. 2021년 1월, 4달러 하던 주식이 3주 만에 80달러까지 20배 가까이 뛰는 현상이 일어났죠. 공매도를 치며 게임스탑 주식의 주가를 계속 끌어내리던 헤지펀드들에 대한 복수의 의미로 개미들이 힘을 합쳐 저항한 거죠. 2025년 5월 은퇴하신 워렌 버핏도 이때 주식시장이 도박판으로 바뀌었다고 한탄하기도 했죠. 하지만, 헤지펀드들이 이처럼 개미들이 힘을 합쳐 몰려드는 시기에는 그들만의 게임 룰을 적용하기보다는 몸을 사리며 도망가는 새로운 현상이 시작되었습니다. 그때 공매도 보고서를 내었던 시트론 리서치Citron Research는 더 이상 공매도 보고서를 내놓지 않겠다는 선언도 했습니다. 따라서, 2021년 이후 중소형주들, 특히 밈 주식 – 성장이 둔화되고 수익이 안나는 기업들에 단체로 몰려가 주가를 올리며 따라가는 주식 – 들이, 갑자기 오르며 유행하는 시기에는, 공매도들이 몸을 사리고 공매도를 정리하며, 숏커버를 하고, 며칠간 계속 오르는 현상이 나타나기 시작했습니다."

양치기 소년

"교수님 그런 흐름만 잘 따라다니면 돈을 많이 벌 수 있지 않을까요?" 요즘 주식에 흠뻑 빠지신 전주의 서경락 님이 물었다.

"그런 걸 모멘텀 투자 전략이라고 부를 수 있죠. 모멘텀이 좋아지는 주식을 사서 모멘텀이 꺼질 때까지 들고 가는 단기 스윙전략을 펴는 거죠. 소위 말해 불타기라고도 하는데, 불나

방들처럼 주가가 오르는 핫한 주식에 몰려다니면서 배트를 짧게 잡고 방망이를 휘두르면서 돈을 벌 수 있죠. 하지만, 자칫하여 빠져나오지 못하고 고점에 물리면 몇 년이고 꽤 오랜 시간을 고통 속에서 살 수 있습니다. 일시적으로 들어왔던 세력들도 모두 빠져나가고, 거래량도 줄어들며 회사가 잘 운영돼도 아무도 관심을 가져주지 않는 주식이 되기도 합니다.

또한 매 순간 차트와 주가를 쳐다보며 사고 팔며 움직여야 하는데 수명이 짧은 월가 트레이더들처럼 삶이 피폐해지죠. 헤지펀드들처럼 사는 롱**Long**과 헤지**Hedge**인 공매도 숏**Short**을 같이 사면 괜찮은데 주린이들이 하기에는 너무 어렵죠. 커버드 콜**Covered Call**처럼 주식 100%와 공매도 90%를 함께 사서 항상 10%만 벌거나 10%만 손해 보겠다고 계획을 세우면 조금 낫죠. 하지만, 욕심이 지나쳐지면서 주린이들이 이렇게 절제하며 하는 경우는 많지 않습니다. 대부분 그 이상 백 프로에서 몇 백 프로까지 큰 수익을 내기를 원하죠."

"앞에서 얘기했듯이 월가가 만들어 놓은 사실**Facts**에 입각한 시장에서는 소문난 잔치에 먹을 거 없다고, 소식을 남들보다 먼저 듣고 일찍 선점해서 들어간 기관들만 이익을 볼 수밖에 없습니다. 진실을 알게 되면 이미 잔치는 끝나고 수익 실현하고 모두 빠져나가는 상태일 것입니다. 진실은 거짓보다 3일 정도 늦게 오죠. 소문에 사고 뉴스에 판다는 말도 있죠. 요란하게 울리는 주식은 3일 정도면 주가에 반영이 되고 그 이후에는 다른 예상치 못한 소식과 시장의 영향으로 주가는 움직이게 됩니다.

3일의 법칙이라고도 부르죠. 양치기 소년이 3일째 3번 정도 부르면 그 소식은 아무도 반응하지 않고 주가에는 영향을 주지 않게 됩니다. 이것은 주식시장이 효율적이기 때문입니다. 미스터 마켓 Mr. Market 은 굉장히 효율적이라 효율적시장을 적당히 강하게 Semi-Strong 믿으면 과거의 사실도 미래에 올 우리가 알고 있는 호재와 악재도 3일 안에 반영된다는 이론입니다. 일주일 전에 나왔던 좋은 소식과 나쁜 소식도 더 이상 이 주식을 거래하는 투자자들에게 아무 영향도 주지 못합니다. 결국 추가 소식이나 예상치 않은 소식들이 나와야 주가에 영향을 주기 시작하죠. 따라서 회사의 내부자들만 알고 있는 정보들은 아직 주가에 반영되지 않고, 세상에 나오자 마자 주가에 영향을 주죠. 하지만, 법으로 내부자 정보 유출은 금지되어 있습니다."

나는 내가 이 유튜브 저 유튜브 돌아다니며 귀신이 구천을 떠돌듯이 호재와 악재를 따라다니며 얼마나 불나방처럼 움직이며 허송세월을 보냈는지를 깨달을 수 있었다. 결국 불나방은 소문난 잔치만 따라다니며 타 죽을 수밖에 없다는 교수님의 말씀이 생각났다.

우물 안 개구리

"그러면 종목은요? 어떤 종목을 사야 할까요?" 파리에서 온 왠지 세련되셨을 것 같은 파리주나 님이 물었다.

"종목을 고를 때는 일단 공부를 많이 해야 합니다. 불나 방들처럼 따라다니면 불에 타 죽고, 애벌레들이 앞도 안 보고 산을 오르면 그 끝에 낭떠러지가 있는 것도 모릅니다. 우물 안 개구리처럼 본인의 살고 있는 사회만 보는 것이 아니라 저 하늘 위로 나비나 독수리처럼 날면서 전체 그림을 보고 흐름을 읽고 적절한 종목을 고르는 것이 중요합니다. 안목을 기르라는 것인데, 골동품을 고르거나 집을 살 때처럼 꽤 오랜 시간 철저하게 공부를 한 이후에 종목을 골라야 합니다. 미장원이나 경로당에서 주변의 이야기만 듣고 사시는 분들은 대부분 실패하기 마련입니다. 아마도 주식시장이 가장 좋을 때 가장 많이 오른 인기있는 핫한 종목들을 고르는 경향이 있는데 이런 종목들은 밈 주식들처럼 고위험군의 변동성 높은 중소형주일 가능성이 높습니다. 주식 발행 숫자는 상관없이 액면가로 몇 달러에서 몇 십 달러밖에 안 하는 페니스탁 Penny Stock 으로 들어갈 가능성도 높고요. 물론 이 주식들이 스토리 테마도 좋아서 설득당하기 쉽고요.

액면분할을 통해 주식숫자를 늘리면 전체 시가총액은 갖지만 주가는 싸 보이는 현상이 있습니다. 예를 들면, 지금 테슬라의 340달러 주가는 2020년으로 환산해 보면 5,100달러인데, 5분할과 3분할, 두 번의 액면분할을 통해 지금은 싸 보이게 되죠. 아마존, 구글도 20대 1 액면분할을 통해 몇 천 달러에서 몇 백 달러로 가격을 낮추었습니다. 따라서 소액투자를 하는 주린이들은 몇 백 달러짜리 주식은 싸 보이고 몇 천 달러짜리 주식은 비싸 보이는 착시현상을 겪게 되죠. 액면분할은 소액투자자들이 액면가격을 낮추어 회사의 주식을 살 수 있게 도와주는 것입니다. 물론, 공매도들도 쉽게 붙을 수 있는 단점이 있죠. 따라서, 액면분할을 한다고 투자자들이 몰려 주가가 올라가는 현상은 일종의 신기루 같은 것이고, 액면분할 후 다시 원래 분할 소식이 있기 전 가격으로 돌아옵니다.

따라서 단기적인 주가 흐름으로 종목을 고르는 것이 아니라 시대의 흐름을 읽는 것이 좋습니다. 우물 안 개구리처럼 액면가격만 보고 투자를 하거나, 특정 커뮤니티 안에서 추천하는 종목들만 고르지 않고, 전체 숲을 보면서 전반적인 정치·경제·사회의 변화해가는 모습을 읽는 것이 중요합니다. 4차산업혁명의 흐름도 읽어야겠지요. 본인이 투자하는 산업군의 총유효시장**Total Addressable Market**과 매년 성장률 **Compound Annual Growth RateCAGR**도 찾아보아야 합니다. 유효시장은 그 회사가 걸을 수 있는 최대 규모의 오션Ocean의 크기를 나타냅니다. 물론 그 바다에 참여하는 회사의 숫자와 경쟁규모도 함께 봐야 하고, 이왕이면 경제적 해자를 달성한 1등 기업을 고르는 게 좋습니다. 앞으로 3년이나 5년 정도 그 시장이 얼마나 빠르게 성장할지를 계산해내는 성장률도 굉장히 중요합니다. 시장 규모가 멈춰져 있으면 회사도 성장하기 힘들고 결국 사양산업이 되기도 합니다. 따라서, 성장률이 좋은 산업분야에서 경쟁력이 있는 좋은 회사를 고르는 것이 중요하죠. 그렇게 고른 종목들이 성장도 잘 하고 결국 사람들의 관심도 언젠가는 더 받게 되고 거래량도 늘면서 계속 오를 가능성이 높습니다. 저는 이를 선점이라고 하는데, 가능성을 보고 많은 이들이 아직 관심을 갖지 않을 때 회사의 성장성을 보고 먼저 들어가 사 놓는 것입니다. 이렇게 주가가 싼 초기에 고른 종목들은 주가가 변동해도 믿음이 흔들리지 않겠죠."

고래싸움에 새우등 터진다
: 국제 정치·경제 상황에 대한 이해

"교수님 그러면 지금의 국제 정치·경제 상황은 어떤가요? 중요한가요?" 목동의 치과의사이신 봉우 님이 물었다.

"좋은 질문입니다! 요즘의 불확실한 국제 정치 상황에서는 앞사람의 뒤꽁무니나 따라다니는 나방 같은 투자보다는 나비처럼 훨훨 날아서 지금의 국제 정치 상황을 잘 파악하는 게 좋을 거예요. 지금은 몇 십년만에 찾아오는 국제 질서의 변화를 보고 있으니까요."

"지금 주식시장은 정치와 경제의 불확실한 상황으로 크게 영향을 받고 있어요. 미스터 마켓은 불확실성을 싫어하죠. 불확실성과 이로 인한 공포는 주식시장의 주체들에게 더 큰 영향을 미치고, 합리적인 판단을 저해하며, 시장의 큰 변동성을 야기하죠

추수감사절과 크리스마스의 홀리데이 시즌을 끝내며 잘 나온 2024년 4분기 어닝시즌Earning season 이 끝날 즈음인 2025년 2월, 2월 19일까지 세번이나 최고치를 갱신하면서 올라가던 미국 증시는 벚꽃이 피기 시작한 초봄인 4월 중순까지 20%까지 하락하며 조정을 받았죠. 1월20일 흑인운동가 마틴 루터 킹 주니어를 기리는 마틴루터킹MLK 데이에 트럼프는 취임하며 수많은 급진적인 대통령령에 서명을 하며 정치 경제 사회에 돌풍을 일으키며 불확실성과 혼란을 야기하였어요. 동맹국인 캐나다 멕시코 관세에 이어 전 세계에 보편적으로 관세를 매기는 상호 관세를 선언하였고, 4월2일

해방의 날Liberation Day을 선언하며 10%에서 45%까지 관세를 매기며 전 세계 시장에 충격을 주었죠. 미국 증시를 대표하는 S&P500지수는 4월 7일까지 3거래일 만에 12%가 하락하는 대폭락을 경험하였고, 국채와 달러까지 하락하며 셀 아메리카Sell America라는 미국자산 매도 현상까지 일어났었습니다. 관세는 미국의 물가를 부추기며 인플레이션을 야기하고, 결국 소비자들의 심리를 위축시켜 경기를 악화시키는 스태그플레이션Stagflation을 가져올 것이라는 예측들이 나왔죠. 코로나 이후 전 세계 경기는 양적긴축이 시작된 2022년부터 2024년까지 침체를 경험했는데, 미국 자산가치만 오르는 미국 예외주의American Exceptionalism도 결국 쇠퇴하게 되었죠.

결국 90일간의 관세유예 발표와 함께 트럼프 행정부가 한발 물러나며 상황은 진정이 되었죠. 하지만 그 이후에도 트럼프 행정부의 도발은 계속되며 미중 간의 갈등은 지속되었습니다. 미국이 중국에게 145%까지 관세를 올리겠다고 선언하자 중국은 이에 대한 보복으로 미국에 125%의 관세를 매겼고, 서로 간의 광물 반도체 등 수출 규제를 통해 미중 간의 갈등도 2025년 4월까지 최고치로 올라갔죠. 미국은 애플, 포드, GM과 같은 미국 브랜드의 회사를 보호하기 위해 전자제품, 태양열 제품, 자동차 부속에 대한 관세를 유예하며 상황을 진정시켰고, 중국에 화해의 제스처를 보냈습니다. 하지만, 중국은 대화를 거부하고 미국이 먼저 관세를 내릴 것을 요구하며 국제 공동체에 예의를 갖출 것을 요구하였죠. 그리고 미국의 2차 관세 전략과 마찬가지로 미국과 협력하여 중국에 불이익을 주는 국가들에게는 보복조치를 하겠다는 천명까지 하였습니다.

결국 제네바에서의 합의로 관세도 내리고 어느 정도 양국 간의 관계도 진정되었지만, 100일이라는 짧은 기간 동안 트럼프 행정부는 나라별 관세를 매겼다 취소하고, 올렸다 내리기를 반복하며 주식시장과 경제 참여자들에게 지속적인 불확실성을 가져다주었어요. 전 세계 나라들과 기업들은 합리적인 전략과 계획을 세울 수 없는 상황에 놓이게 되었고, 언제 다시 번복될지 모르는 관세 무역 정책에 혼란을 경험하고 있는 상황이에요.

중국 패권의 상승

미국의 국가 이기주의에 기반을 두고, WTO중심의 다자무역체제를 무시한 설득력 없는 무역적자에 기반한 국가위기상황을 이유로 매긴 일방적인 관세 조치들로 미국의 세계 패권적 지위가 약화되고 있습니다. 미국의 지도력이라 볼 수 있는 소프트파워 Soft Power가 약화되며, 전 세계의 탈글로벌화는 가속화되고 있으며, 갈라파고스화를 겪는 전 세계의 국제 정치와 경제는 그 근간이 흔들리고 있죠. 이미 2009년 브릭스 BRICS 국가를 중심으로 미국 주심의 서구국가 체계에서 벗어나려는 움직임은 이전부터 있어왔어요. 브라질, 러시아, 인도, 중국으로 시작되어 남아프리카 공화국이 참여하였고, 이후 사우디, 이집트, 아르헨티나, 이란, 에티오피아, 아랍 에미레이트가 참여하며 11개국으로 확장되었죠. 2022년 2월 러시아의 우크라이나 침공으로 미국을 중심으로 한 서양국가들이 봉쇄조치를 하였지만, 브릭스 국가 간의 협력으로 큰 효과를 거두지 못했습니다.

일방적인 상호관세 조치와 방위비 분담 요구 등으로 이제는 미국의 동맹국인 EU, 일본, 대만, 캐나다, 멕시코 같은 나라들도 미국을 신뢰하지 않고 독자적 노선을 걸으려고 하고 있죠. 특히 독일은 방산산업을 증진시키며 국방비 예산을 증액하며 재군비를 추진하고 있어요.

이처럼 자충수를 둔 미국의 패권적 지위의 약화는 결국 중국의 부상을 가져오고 있어요. 미국이 관세를 145% 올리면 중국도 관세를 125% 올리고, 미국이 반도체 규제를 하면 중국은 희토류 등 희귀광물의 수출규제를 하고, 미국이 중국과 거래하는 국가들에 보복 관세를 매기겠다고 하니 중국도 자국에 불이익을 주는 국가들에게는 보복조치를 할 것이라고 했습니다. 미국이 결국 꼬리를 내려 전자제품과 자동차 부품 등에 관세를 면제하겠다고 하니 중국도 비행기 같은 몇몇 상품에 관세를 면제하겠다고 했습니다. 결국 미국은 스콧 베센트 **Scott Bessent** 재무부 장관 등 여러 채널을 통해 중국과 대화를 시도하였고, 5월10일 양국 간의 회담이 성사되면서 제네바 합의를 이루어 내며 일시적인 긴장완화 **de-**

Escalation가 이루어졌습니다. 6월 10일 런던에서 제네바 합의를 이행하기 위해 고위급 회담을 가졌지만, 뼈대만 합의한 상태이고 구체적인 합의는 요원해 보입니다.

"중국은 어떻게 이렇게 할 수 있었을까요?" 목동의 상용님이 물으셨다.

"일본이나 한국은 상상도 못 할 일이죠. 세계대전에서 진 일본은 한국 전쟁과 냉전으로 수혜를 입고 화려하게 미국에 견줄 정도로 경제적 부활을 하였지만, 1985년 플라자 합의를 통해 엔화를 평가절상하며 30년간의 경제발전까지 잃어버릴 정도로 미국에 순종적이었어요. 마지막 친구라는 것을 강조하며 1996년 반도체 협상, 19995년 자동차 협상, 2019년 미일 무역협정에서도 미국에 양보했죠.

이와는 달리 중국이 미국에 대항하며 전 세계를 향해 예의를 지키라고 당당하게 말하는 걸 보면, 중국의 지위가 많이 상승한 것은 분명합니다. 2017년 트럼프 1기 때만 해도 트럼프의 관세 인상 협박에 못 이겨 시진핑이 플로리다로 달려가 트럼프와 화해를 하려 했었죠.

미국과 중국 간의 갈등은 1기 트럼프 행정부에서 시작되어 바이든 정부에 들어서면서 더욱 깊어졌어요. 아시아에서는 남중국해를 중심으로 정치적 갈등이 심화되었고, 국제 경제적으로는 2018년 철강 알루미늄 관세에 더하여, 미국은 2019년 화웨이와 68개 화웨이 계열사를 블랙리스트에 올리며 규제를 시작하였고, 틱톡과 위챗도 제재하였죠. 미국은 계속하여 중국에 노트북, 스마트용 칩을 포함하여 군사용품과 데이터 센터에 들어가는 고사양 반도체를 규제하며 중국과의 갈등을 심화시켰죠. 하지만, 중국에 대한 규제 효과는 오래 가지 못했어요. 이에 대응하여 중국도 직접적으로 히토류와 같은 광물의 수출을 규제하였죠. 중국은 러시아와 함께 금을 축적하기 시작하였고, 미국의 국채를 파는 등의 보복을 했죠.

경제적으로 2020년 코로나 이후로 많은 것들이 변했죠.

각국은 코로나로부터 회복하는 데 전념을 하였어요. 2024년까지도 코로나때 양적완화QE; Quantitative Easing를 하며 쏟아낸 돈으로 급격히 올라갔던 인플레이션을 잡기위해 각국은 금리를 올리며 양적긴축QT; Quantitative Tightening을 했죠. 이로 인해 시중금리, 신용카드 이자율, 모기지 이자율, 대출금리 등이 따라 오르며 사람들의 삶은 피폐해져 갔죠. 변동 금리를 선택한 데다, 모기지 빚, 크레딧 카드 빚을 제때 갚지 못한 서민들의 빚은 눈덩이처럼 불어났고, 고금리 인플레이션 환경속에 많은 문을 닫는 소상공인들과 사업체들이 많이 늘어났죠.

중국도 예외는 아니었죠. 2023년 초까지도 봉쇄조치를 하고, 헝다Hungda 사태와 같은 미국 리먼브라더스Lehman Brothers 사태와 같은 혼란을 겪었죠. 시진핑은 2023년 3월, 연임을 하며 권위주위 체제를 이어갔고 시진핑은 2027년까지 대만을 복속시킬 목표를 세웠습니다. 결국 외국 기업들과 중국의 기업 부자들이 중국을 탈출하는 사태가 펼쳐졌죠. 2024년 중국은 수출 의존도를 낮추고 내수 중심의 경제

구조로 전환하려는 노력을 계속하겠다고 발표하였고, 이자율을 낮추는 등 역대급 경기 부양책을 내놓으면서 2024년 중반기부터 갑작스럽게 살아나기 시작했죠. 2024년 중국의 GDP는 19조 5천억 달러, 미국은 29조 달러로 미국의 67%수준까지 따라왔죠.

중국은 지금은 미국의 전화도 거부할 정도로 기세가 등등합니다. 스콧 베센트 장관은 이번 무역전쟁은 지속불가능 **Unsustainable**하다고 강조하며, 중국과의 협상을 종용하였지만, 2025년 5월 7일 중국은 금리까지 인상하며 경제를 부양하면서까지 미국과 대결구도를 이어가고 있습니다. 2017년 첫 만남 후 8년여가 지난 2025년 현재 전 세계 패권구도가 변화하고 있다는 것을 모두가 실감하고 있죠.

중국은 이미 국제 정치에 있어 패권을 넓히려는 노력을 하고 있었어요. 일대일로 이니셔티브**Belt and Road Initiative**를 통해 육상과 해상을 아프리카 동남아시아 유럽으로 연결해 나가며 뻗어 가고 있었죠. 수출 중심의 유럽국가들 대부분이 중국 시장에 의존하며 중국을 생산기지와 판매처로 의존해왔어요. 아프리카와 동남아시아, 남아메리카 지역의 나라들에는 신식민지적 직접투자를 계속하여 개발도상국가들을 중국에 정치 경제적으로 복속시키고 있으며, 세계 국제기구들에서 다수의 표를 장악해 나가고 있었어요. 중국의 영향력 하에 있는 세계 보건 기구 WHO 에서는 미국이 탈퇴를 해버렸습니다.

무엇보다도 중국도 2015년부터 시작된 4차산업혁명에 탑승하려는 노력이 결실을 입기 시작하였어요. 이미 기술 굴기를 통해 톈진을 중심으로 5G, 인공지능, 빅데이터, 사물인터넷, 고속철도, 전기 자동차등의 기술을 미국과 견줄 정도로 발전시키고 있죠. 2025년 2월에 공개된 딥시크 Deep Seek 의 인공지능 모델 R1은 세계를 놀라게 했었죠. 미국의 고사양 반도체 규제에도 불구하고 중국은 엔비디아의 H800모델만으로도 오픈에이아이 Open AI 의 O1모델과 견줄 정도의 모델을 성공시켜 낸 것이죠. 중국은 이미 안면 인식 Face Recognition 에서는 세계 최고의 수준을 갖고 있었는데, 머신 러닝의 다음

단계인 인퍼런스Inference 추론 단계에서도 우수한 면을 보며, 미국에 바짝 다가온 것이죠. 20025년 5월 젠슨 황Jensen Huang은 백안관에서 트럼프를 만나기 전 인터뷰에서 중국은 미국의 뒤에 있는 것이 아니라 바로 뒤에까지 추격해왔다고 강조하였습니다. 엔비디아와 AMD의 인공지능용 시스템 반도체를 중국의 화웨이Huawai도 비슷한 Ascend 910D 칩을 개발하며 능가하려고 노력하고 있습니다. 고사양 반도체와 인공지능의 개발은 방산과 산업 등 국가의 경쟁력과 패권을 장악하는 데 좋은 무기가 될 것입니다."

"그러면 어디에 투자해야 하죠?" 평소 댓글을 잘 다시는 평화의 상징 산비둘기 님이 물었다.

"이런 국제 질서의 변화 가운데서 미중 간의 갈등과 무역전쟁에도 영향을 받지 않는 산업군에 투자를 하는 것이 좋겠지요."

꽃들에게 희망을
: 똑똑한 사람 지혜로운 사람

 "교수님 얘기를 들어보니 앞으로의 시대는 인공지능, 반도체와 같은 4차산업혁명과 관련된 기업에 더 투자를 해야 될 것 같네요. 앞으로 어떤 산업과 기업이 전망이 있을까요?" 미국 문화의 중심이라고 볼 수 있는 뉴욕에서 아침을 여는 아침에라테 님이 물었다.

 "좋은 질문이에요. 지혜로운 사람은 시대의 흐름을 읽고 앞을 내다보고 투자를 하죠. 똑똑한 사람은 그때 그때 상황에 잘 대처를 할 테고요."

"시대는 변화하고 있습니다. 이미 미래는 우리 앞에 다가와 있죠. 일단 한국 예탁결제원에 따라 올해 2025년 들어 한국인들이 가장 많이 산 종목들 중 4차산업혁명과 관련된 종목들을 먼저 볼까요"

엔비디아

"교수님 엔비디아 먼저 해주세요~" 엔비디아를 좋아하는 해피원 님이 물으셨다.

"오케이, 알겠어요. 제가 이 엔비디아를 처음 접하고 투자하기 시작한 것은 2020년 5월이에요. 저는 2019년부터 인공지능과 법에 관한 연구를 하고 있었죠. 2015년부터 MIT와 여러 혁신기업이 본부를 두고 있는 보스턴에 살면서 인공지능, 자연어 처리, 빅데이터, 자율주행, 가상현실, 5G등이 세상을 바꾸고 있다는 것을 기술박람회 등을 통해 몸소 체험하고 있었어요. 물과 땅, 교육, 지적재산권, 개발과 관련된 인권연구를 한참 하던 저는 이러한 분위기 속에 인공지능과 로봇의 인권과 법적 규제에 관심을 가지게 되었고, 이에 대한 연구를 시작하며 한국과 미국에서 논문을 발표하였죠. 코로나가 터지고 모두가 집밖으로 나가기 두려워하던 2020년 6월 저는 처음으로 전 세계 국제법학자들이 지켜보는 가운데 미국 국제법학회American Society of International Law에서 온라인 상으로 인공지능과 법에 관한 발표를 하였어요. 2021년에는 한국 국회도서관에서 카이스트 교수, 한국 판사와 함께 인공지능에 관한 발표와 토론에 적극적으로 참여도 하였고요."

"인공지능은 로봇의 뇌의 역할을 하게 되는데, 인간들에게 혜택을 주는 시기를 넘어서서 부작용과 피해를 낳는 시기가 오기 시작했고 이로 인해 법적규제가 필요한 때가 되었죠. 인공지능이 각 국가와 사회의 가치관을 반영하여 차별적으로 적용이 되는 단점이 나오고 있고 자율주행도 트롤리 문제와 같이 문제가 생기면 도로의 차와 인도의 사람들 중

누구를 먼저 희생시켜야 하나를 고민하는 윤리적 딜레마에 빠지게 되었죠.

이러한 문제들은 미국 의회도 인식하여 법적규제를 위한 토론을 시작하였어요. 연방정부와 주정부 차원에서 규제를 논의하였고, 바이든 대통령은 2023년에 대통령령으로 안전하고 믿을 수 있는 인공지능을 개발하라고 명령하며, 에이아이 인권헌장AI Bill of Rights의 토대를 만들었죠. 콜로라도, 캘리포니아, 뉴욕 등도 인공지능의 투명성을 보장하고 위험을 관리하는 법안들을 통과시켰죠. 두뇌 역할을 하는 인공지능이 로봇과 무인항공기, 자동차등에 탑재되면서 그 잠재력은 더욱 커져나갔죠. 결국 인공지능을 탑재한 로봇은 보호를 위해 미국에서 동물에게 주는 동물권과 마찬가지로 로봇권을 주어야 하는 시기도 오기 시작했습니다. 몇 십년 이내로 인간이 할 수 있는 어떤 지적인 임무도 수행해 낼 수 있는 슈퍼지능 또는 범용 인공지능Artificial General Intelligence의 발전도 가까이 오고 있죠. 인공지능이 기하급수적으로 발전하는 특이점Singularity을 지나가게 되면 이들 인공지능 로봇들은 그들만의 정치적 힘도 가질 것으로 예상되고 있어요."

"저는 이러한 연구과정 가운데 병렬 연산을 하는 GPU가 CPU보다는 인공지능 연산에 도움이 된다는 것을 알게 되었어요. 이에 2020년부터 엔비디아에 대한 투자를 결심하게 되죠. 물론 같은 시기에 자율주행을 하던 테슬라에 대한 투자비중을 더 가져가게 되면서 엔비디아는 QQQ 같은 성장주 ETF로 통합시켜서 다른 인공지능 빅테크들과 함께 가져가게 되었죠. 8달러 정도였던 엔비디아 주가는 2025년 3월 1일 현재 125달러까지 상승하였어요. 2020년부터 약 1360%, 14.6배정도 상승하였죠. 5년 만에 정말 어마어마한 성과를 거둔 거죠. 2015년부터 오픈AI에 의해 본격적으로 개발이 되던 인공지능은 머신 러닝Machine Learning에서 시작해서 2023년 1월 오픈AI의 ChatGPT4가 생성형 AI인 Generative AI를 내놓으며 폭발적인 성장을 하게 되죠. 이에 엔비디아의 데이터 센터 매출도 기하급수적으로 상승하며 2022년 10달러 가까이 떨어졌던 엔비디아의 주가도 2023년 1월 20달러를 돌파하며 2025년 1월 최고치인 149.43달러까지 도달하게 됩니다. 저도 2022년 9월부터 지금까지 약1%에서 5%의 포트폴리오 비중을 유지하며 개별적으로 엔비디아를 투자하고 있어요."

"엔비디아에 대해 조금 더 자세히 알아보면, 엔비디아는 1993년 4월에 캘리포니아에서 창립되었고, 1998년에 델라웨어로 법인을 옮겼고, 캘리포니아 산타클라라에 본사를 두고 있죠. 엔비디아의 SEC 10-K 보고서에 따르면 엔비디아는 가장 도전적인 계산 또는 컴퓨팅 문제를 풀기 위한 가속화된 계산Accelerated Computing의 선두주자가 되려고 노력하고 있어요. 전례 없는 3D 그래픽과 규모의 게임시장의 지속적인 수요에 기름칠해진 엔비디아는 과학컴퓨팅, 인공지능, 데이터 사이언스, 자율주행, 로보틱스 등을 위한 플랫폼을 만들기 위한 GPU 아키텍처에 총력을 기울이고 있죠. 크게 두 운영 분야로 나눈다면 컴퓨팅 네트워킹과 그래픽이라고 볼 수 있어요.

재무적으로 보면 엔비디아의 2024년도 총매출은 1304.97

억 달러로 2023년 총매출 609억 달러보다 두 배 이상 늘었어요. 운영수익은 814억 달러에, 순수익만 728.8억 달러에 달하고, 2023년 운영 수익 329억 달러와 순수익 297.6억 달러에 비하면 월등히 성장했다고 볼 수 있죠. 2024년 현재 주당순이익은 2.97달러이고 이 또한 2023년 1.21달러에 비해 두 배 이상 늘었죠. 2024년 엔비디아의 총자산은 1116억 달러이고, 총부채는 322억 달러입니다. 총매출 중 데이터 센터 매출이 356억 달러로 지난분기보다 16% 증가하였고, 게임은 25억 달러, 비주얼은 5억 달러, 자율주행 지원 자동차 분야는 6억 달러를 기록하였어요. R&D 연구개발비용은 지난해 86억 달러보다 증가한 129억 달러를 비용으로 지출하고 있고, 매출 관련 비용은 166억 달러에서 326억 달러로 증가하였죠. 총마진율은 2024년 2분기 76%, 3분기 74.6%, 4분기 73%를 기록하였습니다. 현재 배당도 주긴 하는데, 배당은 0.04%를 주고 있어요."

"2024년 7월부터 2025년도 6월까지의 회계년도의 매출 증가는 데이터 센터 컴퓨팅과 가속화된 컴퓨팅을 위한 네

트워킹 플랫폼과 인공지능 솔루션이 기여하였어요. H100 H200이라 불리는 하퍼Hopper 반도체 아키텍처가 괄목할 만한 성장을 하였고, 2024년 4분기부터는 블렉웰Blackwell 아키텍처를 배달하기 시작하였죠. 가속화된 컴퓨팅의 발전과 생성형 인공지능 모델들의 진보는 모델의 복잡성과 규모의 성장과 함께 데이터 센터 시스템에 대한 수요를 증가시켰어요. 이처럼 증가되는 수요에 맞추어 엔비디아는 계속해서 기존의 공급 계약의 규모를 늘리고 새로운 공급업체들을 충원하고 재고량을 늘리려고 하고 있어요. 물론 수요 감소와 함께 지나친 재고 문제가 나타날 수 있는 위험도 있죠.

지금 엔비디아가 가장 집중하고 있는 문제는 기존의 하퍼 아키텍처에서 블렉웰 아키텍처로 넘어가는 전환기에 기존 제품과 신제품의 수요를 유지하는 것이에요. 재고와 보증과 제품의 배달 지연의 문제 등과 함께 기업고객들은 기존 제품의 구입을 지연시키고, 회사는 신제품을 예상만큼 빨리 제공하지 못하여 매출에 공백이 생길 수 있는 가능성이 있죠. 2026년에 나오기로 예정되어 있는 루벤Ruben 아키텍처로의 전환기에도 이런 일이 발생할 수 있어요. 지금까지 엔비디아는 이러한 전환기를 잘 거치며 구제품을 잘 팔고 신제품도 시기 적절하게 제공하고 있는데, 운영진도 이러한 어려움에 대해 10K 보고서에서 얘기하고 있고, 이로 인한 추가비용 발생 가능성도 염두에 두고 있어요.

엔비디아가 직면한 두번째로 큰 문제는 국제 무역 문제예요. 2022년 8월 미국 정부는 중국과 러시아에 대한 수출 규제를 하였고, 엔비디아도 A100과 H100 집적회로와 이를 바탕으로 한 DGX와 같은 시스템 보드에 라이센스를 받아야 수출을 할 수 있게 되었어요. 2023년 10월 미국 정부는 중국과 함께 사우디 아라비아, 아랍 에미레이트, 베트남 등의 나라에 대한 추가제제를 발표하였죠. A100, A800, H100, H800, L40S, GB200 NVL 72, NVL 36, B200이 이에 해당됩니다. 다행히도 이번 5월에 수출을 규제하던 바이든 대통령때의 규칙을 철폐하고 나라별로 접근을 하고 있어요. 따라서 사우디아라비아와 아랍에미레이트와는 큰 계약을 따낼 수 있게 되었죠.

중국과 관련해서는 최근 트럼프 행정부는 두 차례에 걸쳐 중국에 대해 저사양 모델인 H20칩마저 수출규제를 하며 미중 간의 갈등을 고조시키고 있는 상황이죠. 대만의 TSMC와 FoxConn, 한국의 하이닉스, 삼성 등 다양한 공급망을 유지하고는 있지만, 지정학적 위협과 함께 미중 간의 갈등, 트럼프의 대만 한국 등에 대한 상호관세 위협 등은 공급망을 교란시키며 엔비디아의 성장에 발목을 잡고 있어요. 최근에는 엔비디아 서버를 조립하는 슈퍼마이크로컴퓨터SMCI와 델 등이 싱가포르를 경유하여 말레이시아를 통해 중국에 엔비디아 칩을 밀반입한다는 혐의를 받고 조사도 받고 있다는 소식도 들리고 있어요.

불행 중 다행인 것은 최근 5월 CEO인 젠슨 황이 백악관에서 트럼프를 만나며 중국이 이 분야에서 바짝 뒤까지 쫓아온 상황이라 수출규제를 풀어야 한다고 강조를 했어요. 화웨이 같은 중국 반도체 기업이 대체 반도체를 만들면 미국 기업들이 중국에서 시장점유율을 잃을 수 있다는 것을 강조했죠. 따라서 트럼프 행정부는 바이든 행정부에서 나온 인공지능 규제법AI Diffusion Rule에 따라 반도체를 3개로 분류해서 수출을 규제하던 것을 5월 7일 없애기로 발표했습니다. 반도체 분류보다는 각 국가별로 무역협상의 일환으로 수출규제를 풀어줄 수도 있는 조금은 유연성 있는 정책이 나오게 된 거죠.

이러한 여러 국제 정치적 경제적 위협과 불확실성, 걱정에도 불구하고, 엔비디아는 인공지능 비지니스 모델의 성장과 가속화된 컴퓨팅의 발전에 힘입어 2조 달러의 총유효시장Total Address Market의 기회가 앞에 놓여 있어요. 최근 아마존의 AWS, CoreWeave, 구글 클라우드 플랫폼 GCP, 마이크로소프트 Azure, 오라클 클라우드 기반시설 OCI 같은 클라우드 서비스 제공 회사들은 엔비디아의 새로운 GB200 시스템을 채택하고 있죠. 전 세계의 가장 강력한 슈퍼컴퓨터 500개 회사들 중 75% 이상이 엔비디아의 기술을 이용하고 있고요. 버라이즌Verizon과의 협력을 통해 5G 네트워크상에 기업형 인공지능 앱과 서비스를 빠르게 전파하고 있죠. IQVIA, Illumina, Mayo Clinic과 ARC Institute 등과의 유전자, 약개발과 제약분야에서도 협력을 넓혀가고 있고요. 게다가 일반

데이터 센터뿐 아니라 각 기업에 맞춤형 반도체 집적회로인 ASIC을 개발하는 부서도 창설하여 브로드컴과 경쟁을 시작하였죠. 최근에는 아이온큐와 협력하여 양자컴퓨터도 지원하고 있습니다.

2026년까지 주당순이익EPS; Earnings per share은 4.50달러로 50% 이상 성장할 것으로 예상되고, 2027년에는 5.72달러로 27%의 성장, 2028년에는 6.42달러로 12% 이상 성장할 것으로 예상되며 그 이후에도 매년 10%이상의 성장을 유지할 것으로 보이네요. 매출은 2026년에 2041억 달러, 2027년에 2485억 달러, 2028년에 2892억 달러가 예상되고요.

현재 엔비디아의 2025년 올해 평균 목표주가는 169.62달러이며 웨드부쉬 175달러, 바클레이즈 175달러, 제이피모건 170달러, 골드만 삭스는 165달러를 제시하고 있어요. 저의 목표주가는 170달러이며, 펀더멘탈에 기초한 적정주가는 130달러로 보고 있어요."

테슬라

"교수님, 테슬라에 대해서는 어떻게 생각하세요?" 테슬라를 오래 투자해 온 뉴저지의 윌리암 님이 물으셨다.

"제가 테슬라를 타기 시작한 것은 2023년 12월입니다. 이전에 타던 랜드로버 이보크는 5년도 타지 않았는데 잦은 고장이 있었고, 수리비는 천 달러 이상 나오는 적이 많았어요. 마지막으로 고장이 났을 때 평소 관심을 갖고 리서치를 해오던 전기차인 테슬라를 타보기로 했죠. 친환경차인 데다가 자율주행 소프트웨어인 FSD**Full Self Driving**를 장착하고 있어 시험해보고 싶어서였죠. 마침 연방정부에서는 7500달러의 보조금도 지급하였어요. 테슬라는 나의 오래된 차도**Trade-in Service**로 좋은 가격에 사주었고, 차를 사는 과정에 있어 모든 것이 핸드폰 앱으로 가능했던 것에 놀랐죠. 미국의 대부분의 주에서는 딜러십을 거치지 않고 차를 사는 것이 어려운 상황이고, 딜러십에 가면 그들의 전략에 따라 반나절은 가격을 흥정하고 필요한 서류를 준비하는데 써야 하는데, 테슬라는 너무 사는 과정이 쉬웠죠. 보험과 필요한 제반 서류들은 스캔해서 앱에 올리면 되는 시스템이고 최종 승인이 되면 매장에 가서 기존 차를 건네주고 서류에 싸인하고 픽업만 하면 되었죠.

테슬라를 산 이후에는 무료로 6개월간 슈퍼차저 서비스를 이용할 수 있게 해주어, 전기 값도 아낄 수 있었어요. 집에 충전기를 설치한 후에는 한 달에 20달러 정도의 충전비만 유지비로 나갔어요. 기름값이 싼 미국이지만 이전 차는 한 달에 350달러가 넘는 기름값을 쓰고 한 달에 4번 이상 주유소에 들러야 하는 번거로움이 있었지만, 이제는 20달러에 집에서 충전하게 되어 너무 편리해졌죠. 집에 설치한 충전기도 뉴저지 전기회사 PSEG에서 전기 값을 깎아주는 식으로 거의 무료로 설치해줬어요. 1년 이상 테슬라를 몰았지만, 아무 문제없이 총유지비는 윈드쉴드 워셔액 포함 150달러도 안 쓴 것 같아요.

그 외에도 테슬라의 가장 큰 장점은 스마트한 면에 있다고 볼 수 있죠. 하이브리드로 처음 몰았던 프리어스Prius와 랜드로버 이보크Evoque도 여러가지 스마트한 기능들이 있어서 좋아했는데, 테슬라는 훨씬 더 스마트한 차였고, 자체 개발한 소프트웨어 체계는 상상을 뛰어 넘었죠. 차를 움직이며 소환시키기도 하고, 미리 차를 데워 놓고, 눈을 녹이고, 차 주변을 감시 녹화하는 기능 등 차의 대부분의 기능들을 핸드폰에서 제어할 수 있고, 차에 목소리로 명령어들을 넣어서 실행시킬 수도 있어요. GPS 지도 기능도 기존에 사용하던 구글 맵 만큼이나 만족하면서 사용하고 있고, 충전이 필요하면 슈퍼차저 스테이션의 위치도 빠르게 찾아가고 예열 Preconditioning도 미리미리 해주죠. 차에 문제가 있으면 무선 Over The Air으로 소프트웨어 업데이트를 통해 언제든지 해결해주고, 정기적으로 소프트웨어 기능을 업그레이드해주죠. 소프트웨어 기능 중 가장 큰 기능은 단연 FSDFull Self Driving 자율주행 소프트웨어 기능이라고 볼 수 있습니다. 처음에 받았던 FSD 버전 11은 보완할 점이 많았지만, 2024년에 나온 버전 12.5부터는 운전이 훨씬 자연스럽고 브레이크를 밟는 등 중간에 개입하는 상황이 거의 없어졌죠. 이를 본 한 월가의 전문가는 ChatGPT 모멘텀이라고 부르기도 했죠. 버전 13.2가 2024년 11월에 나온 이후에는 웬만한 운전자보다는 운전을 잘한다는 인식을 하고 편안하게 집과 학교 사이를 개입 없이 데려다 주었어요. 마치 택시를 타고 가는 듯 운전에서 자유로워지고 가끔씩 보지 못했던 풍경도 감상할 수 있게 되어 고마웠죠. 특히 밤 늦게 학교에서 수업을 마치고 고속도로를 타고 돌아올 때는 운전하기 힘들 때가 많고 사고 위험성도 있었지만 FSD가 도움이 많이 되었어요. 고속운전과 밤에 비가 오거나 안개가 끼더라도 카메라의 성능이 개선되어서 그런지 자율주행에는 큰 문제가 되지는 않았고 내가 눈으로 보는 것보다도 운전을 잘한다는 생각을 하곤 했죠. 캐나다와 미국, 중국에만 배포가 되어 있는 게 아쉽긴 하지만, 유럽도 2025년부터는 시작된다고 하고, 한국에도 곧 배포가 되리라고 보고 있습니다."

"2025년 6월 22일부터 테슬라는 공유택시를 성공적으로 론칭하였고, 이미 300여 명의 직원을 고용해 캘리포니아 샌프란시스코와 텍사스 오스틴에서 직원들을 공유택시 앱을 통해 실어 나르고 있어요. 정말 무척이나 기대가 되고 있죠. 자율주행의 완성은 무엇보다도 도로에 교통규칙에 따라 안전하고 정상적으로 운전하는 차들이 많이 늘어날 때 가능할 듯하긴 해요. 난폭운전과 같은 돌발 상황에서도 숙련된 운전자들처럼 잘 대응하고 있지만, 자율주행 차량의 시장점유율이 더 높아지면 빠른 시일내에 퍼져 나가지 않을까 해요. 알파벳의 웨이모도 적극적으로 캘리포니아 샌프란시스코, 엘에리, 아리조나 피닉스 등지에서 활발하게 무인 공유택시를 운영하고 있고요. 지금은 연방정부의 통일된 규제 법안이 만들어지지 않아, 각 주와 도시에서 선별적으로 규제를 하고 있는데, 이번에 정부효율성위원회에 자리를 맡은 일론 머스크가 긍정적 역할을 하여 교통부에서 자율주행 연방규제안이 나오고 자율주행차량의 사고의무도 축소시킨다고 하죠."

"텍사스 오스틴에 본부를 두고 있는 테슬라는 다국적 기업이며, 신재생 에너지와 전기차를 통합하는 ETF적 성격을 가지고, 자동차와 에너지 생산을 자원부터 부속까지 자체적으로 공급하려고 노력하는 수직적 통합을 이룬 회사이죠. 테슬라에 투자를 한다는 것은 배터리만으로 운영되는 2세대 전기차에 투자를 하는 것이고, 동시에 그와 관련된 배터리 제조, 부속생산, 자율주행을 포함한 다양한 소프트웨어, 리튬 정제소에 투자하는 것이에요. 이외에도 태양 에너지 산업과 에너지 저장 산업에도 투자하며, 나아가서 공유택시와 로봇 사업에도 투자하게 되죠.

테슬라의 궁극적 목적은 세계의 지속 가능한 에너지로의 변환을 가속화하는 것이에요. 전기차, 태양 에너지, 에너지 저장장치를 디자인하고, 개발하고, 제조하며, 팔고, 리스를 하는 것이 모두 지속가능한 에너지 산업에 기여를 하죠. 물론 유지와 수리, 설치, 운영, 금융 서비스도 제공하고요. 게다가 인공지능과 로봇사업과 자동화에 기초한 상품과 서비스에도 목적을 두고 있습니다.

자동차 분야를 보면 2024년 테슬라는 177.3만 대의 차를 생산하고 178.9만 대의 차를 팔아 인도하였어요. 가장 큰 시장은 중국과 미국이라고 볼 수 있죠. 2024년 중국에서는 65.9147만 대를 판매하였고, 미국에서는 61.8228만 대를 판매하였어요. 그 다음으로 큰 시장은 유럽인데 32.5979만 대를 판매하였고, 캐나다에서 4.7994만 대를 판매하고 한국 호주를 포함한 그 외 지역에서 13.7878만 대를 판매하였죠. 내연 기관차를 포함한 미국 캐나다의 점유율은 2023년 4%에서 3.8%로 감소, 유럽은 2.8%에서 2.5%로 감소, 중국은 2.4%에서 2.6%로 증가하였어요. 2025년도에 와서 새로운 모델인 모델Y쥬니퍼가 나오면서 독일, 중국, 미국의 공장의 생산라인이 교체되며 판매량이 줄었고, 일론 머스크의 정치 관여로 인한 브랜드 데미지가 약간 있었어요. 하지만, 2025년 후반기부터는 극복하고 다시 일어나리라고 보고 있죠."

"캘리포니아에서 모델 S, 모델 X, 모델 3, 모델 Y를 생산하고 있고, 텍사스에서 모델 Y, 사이버트럭을 생산하고, 네바다에서 테슬라 세미트럭을 생산하며, 중국 상하이 공장에서 모델 3, 모델 Y를, 독일 베를린 공장에서 모델 Y를 생산하고 있어요. 저가형 모델과 사이버캡은 텍사스에서 생산라인을 준비하고 있고, 네바다의 세미트럭 대량생산을 위한 공장은 건물이 완성된 상태이죠. 요즘 세미트럭 생산을 위해 사람을 고용하고 있어요. 이처럼, 테슬라는 계속해서 사이버트럭, 테슬라 세미트럭, 다음세대 저가형 미래형 차들의 제조 캐파Capacity를 늘리려고 노력하고 있죠. 캘리포니아는 65만대 이상, 상하이는 95만대 이상, 베를린은 37.5만대 이상, 텍사스는 37.5만대 이상을 생산할 수 있는 캐파를 달성하였죠. 하지만 이런 자동차 생산은 새로운 모델 3하이랜드와 모델Y 쥬니퍼 같은 새로운 차가 나오는 경우에 공장을 닫고 설비를 업데이트하고, 2024년 홍해 분쟁으로 인한 부속품 배달지연, 베를린 공장에 대한 화재 공격 등에 의해 생산 지연이 일어났던 것처럼 생산량을 지속적으로 늘리는 데는 여전히 위험과 불확실성이 존재하죠. 트럼프 행정부 하의 무역전쟁으로 인해 공급망이 특히 중국으로부터 들어오는 부속들의 공급망이 차질을 입고 있죠."

"또한 테슬라는 새롭고 3만 달러 정도의 좀 더 싼 자동차를 소개하기위해 기존 공장과 생산 라인을 바꾸고 있고, 자율주행 FSD Supervised 능력을 향상시키고 배치하며, 로보택시 상품인 사이버캡Cybercab을 통해 완전 자율주행 능력을 달성하려고 하고 있어요. 2025년에는 앞에서 얘기했듯이 텍사스 오스틴에서 유료 공유택시 사업을 시작하려고 준비하고 있어요. 2025년 3월 현재 테슬라 FSD의 누적마일은 37억 마일에 도달하고 있고요. FSD를 이용하는 경우에는 7백만 마일에 한 번씩만 사고가 나는 안전 보고서를 내놓고 있죠. 사람이 운전하면 내연기관차는 70만 마일에 한 번씩, 테슬라를 직접 운전하면 백 십만 마일에 한 번씩 사고 나는 것을 고려하면 놀라운 안전성을 보여주고 있는 것이죠.

테슬라는 지속적으로 비용을 절감하며 자동차와 배터리 기술을 향상시키고, 자동차 생산을 늘리고 판매 능력을 키우고, 지역 공급망뿐 아니라 서비스 충천 인프라를 포함한 전 세계 인프라를 확대하고자 노력하고 있어요. 충전과 관련된 슈퍼차저 스테이션은 6975개로 17%가 증가하였고, 충전기는 현재 6.5495만 개로 2023년에 비해 19%가 증가되어 보급되어 있는 상황이죠.

2024년에 31.4기가와트아워**GWh**의 에너지 제품을 판매하였으며 에너지 상품의 시장 침투를 증가시키려고 노력하고 있어요. 또한 자체 개발한 4680배터리 생산을 늘리려고 노력하고 있죠. 중국 상하이에는 캘리포니아 공장에 이어서 두 번째 메가팩 공장이 완성되었으며, 세 번째 공장도 지을 계획을 세우고 있다고 알려져 있어요.

2024년 현재 976.9억 달러의 총매출을 기록하였고, 이는 2023년에 비해 9.17억 달러나 증가한 것이에요. 자동차 매출이 770억 달러, 에너지 생산 및 저장이 100억 달러, 서비스 매출이 105억 달러를 기록하였죠. 총수익은 174억 달러에 총마진율은 17.9%를 달성 중이죠. 운영비용은 103억 달러를 썼고, 운영 마진은 7.2%를 기록하고 있어요. 순수익은 70.9억 달러이며 주당 순이익은 2.42달러를 달성하였어요. 이는 2022년 4.07달러와 2023년 3.12달러보다 줄어든 것인데 차 가격을 2023년 1월부터 낮추었기 때문이죠. 현재 평균 전기차 판매가격은 3.7만 달러이며 자동차 생산 비용은 3.5만 달러 미만이에요. 테슬라는 2024년 12월 31일 현재 365.6

억 달러의 현금을 보유하고 있고, 운영 현금흐름은 149.2억 달러예요. 자본지출은 113.4억 달러로 2023년 89억 달러보다 24.4억 달러 증가했고, 계속해서 자본 집약적인 프로젝트와 R&D 비용을 늘려가고 있죠.

기업은 비용을 줄여나가는 것도 중요한데, 테슬라는 지속적으로 생산비용을 절감하려고 노력하고 있어요. 기가 캐스팅 방식의 도입으로 부속과 인력을 줄여 나간 것도 그 예이죠. 기가 팩토리들의 설립으로 규모의 경제를 달성하고 있으며, 현재 자동차 한대당 생산 비용을 3.5만 달러 이하로 줄인 상태이죠.

생산과 더불어, 테슬라는 자동차의 판매를 늘리기 위해 Autopilot과 FSD Supervised와 같은 자율주행 인공지능 소프트웨어와 다른 소프트웨어 기능 등을 혁신 발전시키면서 다른 회사들과 차별화시키고 있어요. 또한 모델3와 모델Y의 신모델도 내놓고 있는 상황이죠.

하지만, 테슬라는 소비자의 트렌드가 변화하는데 민감한 경기순환 산업이에요. 트럼프 행정부가 들어서서 더욱 민감해지는 관세문제에 같은 무역 환경을 포함하여 정치적 규제적 불확실성에도 민감하죠. 인플레이션 압력과 상승하는 에너지 가격과 이자율 변동성에도 민감하고요. 최근 들어 상승한 금리 상황은 소비자들이 차를 빌리거나 은행에서 융자를 받아서 차를 살 수 있는 환경을 악화시켰어요. 또한 중국의 전기차들처럼 지속적으로 경쟁자들이 시장에 진입하기 때문에 지속적으로 경쟁적 우위를 유지해야 하는 압력도 받고 있죠. 또한 최근 관세 인상으로 인한 부속품, 광물자원, 배터리 등의 공급망에 문제들이 생기며 가격에 악영향이 생기고 있어요. 또한 정부 정책의 변화와, 정부 보조금의 폐지 등도 비용 구조와 경쟁 구도에 영향을 미치고 있죠. 테슬라는 이러한 다양한 문제들을 생산 혁신과 비용 절감, 물류 비용 절감 등으로 극복하려고 노력하고 있죠.

마지막으로 2025년 1분기 실적 발표를 바탕으로 해서 적정한 주가를 계산해 보면 234달러 정도의 적정주가가 나와요. 2025년 주당순이익은 2.30달러 정도로 예상되고, 전기차는 1.73백만 대 정도 팔릴 것으로 예상되고 있어요. 보통 가치투자자들은 적정주가 밑에서 주식을 사서 안전마진**Margin of Safety**을 남기는 것이 좋은데, 2025년에 공유택시와 에너지 매출 증가, 세미트럭과 저가형 모델의 출시 등 모멘텀을 계속해서 유지할 만한 호재들이 계속 있고, 특히 2026년과 2027년에는 사이버캡과 휴머노이드 로봇 옵티머스의 대량생산마저 기대되고 있어 2025년에는 400달러 정도의 목표주가를 보고 투자해도 좋을 것 같다는 생각이 들어요. 당장 2025년 전반기에는 미국정부와 중국, 캐나다, 멕시코, 유럽과의 관세전쟁이 일어나고 있으며, 물가 상승과 금리 동결의 위험과 그로 인한 침체, 정부보조금 폐지 등의 위험도 안고 있는 상황에서 단기적으로는 힘들지 몰라도 장기적으로 올해 하반기에는 좋은 성과들이 나올 것으로 기대되죠."

양자컴퓨터의 현재와 미래

"교수님 양자컴퓨터는 요즘 어떤가요?" 아이온큐를 좋아하시는 사오정 님이 물으셨다.

"한국인들 사이에 요즘 양자컴퓨터에 대한 관심이 상당히 올라왔죠. 물론 2021년 팡FAANG버블이 터지기 전에도 메타버스와 함께 아이온큐와 같은 양자컴퓨터에 대한 관심은 존재했었어요. 코로나 사태로 사람들이 집에서 생활하며 4차산업혁명과 미래에 대한 관심이 지극히 올라가던 때였죠. 아이온큐에는 한국인 공동창업자까지 있어 그 관심이 증폭되었죠. 2021년 11월 10달러였던 아이온큐가 어느새 28달러까지 솟아오르며 버블을 형성했지만 이내 2022년 우크라이나 전쟁과 시작된 경기침체로 3달러까지 추락하였죠. 이 당시 저자는 양자컴퓨터가 아직 시기상조이고 2027년이나 되어서야 수익이 나지 않겠냐는 의견을 내며 매수를 자제하였습니다. 2025년 현재는 2029년 이후에나 수익이 날 것이라고 보고 있죠.

2024년에 들어서며 2023년 1월부터 시작된 생성형 인공지능의 인기가 절정에 달했죠. 엔비디아와 빅테크 주식들의 실적도 그에 발맞추어 오르기 시작하였고요. 데이터 센터와 클라우드 서비스, 인공지능의 기하급수적 활성화는 양자컴퓨팅의 발전에 도움이 될 것으로 예상되었죠. 10년은 더 걸려 수익이 나리라 생각되던 양자 컴퓨팅의 개발이 생각보다 빠르게 진행되어 2030년 이전에는 수익이 좋아질 것으로 전망이 바뀌었죠. 아이온큐의 적정 주가를 7달러로 설정하고 그 이하에서만 안전하게 조금씩 줍줍을 하였죠. 50개 이상의 종목 중 아이온큐의 비중은 크지 않게 1% 이내로 2030년까지 100% 정도의 수익을 목표로 계획을 세웠죠.

7개월 정도 시간이 흘러 2024년 8월만 하더라도 소프트뱅크의 손정의 회장은 아이온큐를 팔고 엔비디아와 템퍼스 AI에 더 투자를 늘렸어요. 그래서 아이온큐 주가는 더 떨어졌죠. 하지만, 상황은 그 이후 급격하게 바뀌었죠. 연준의 급격한 금리인하와 함께 경기가 회복되는 상황에서, 11월 5일 트럼프가 대통령으로 당선되었죠. 50달러대까지 이이온큐는 치솟았어요. 제 아이온큐 주식도 예상보다 빠른 상승으로 목표수익률 100%를 넘어가 500%이상 오르며, 큰 수익을 내고 열매를 딸 수 있는 기회를 주었죠. 11월 18일 인공지능 데이터센터 시스템 반도체의 강자인 엔비디아도 아이온큐와의 협력을 발표하며, 아이온큐는 엔비디아의 쿠다 CUDA-Q 플랫폼을 사용하기로 하였어요. 결정적으로 12월 9일 구글은 윌로우 Willow 라는 양자 컴퓨터 칩을 발표하면서부터, 2025년 2월 19일 마이크로소프트의 마조라나 1 Marjorana 1 양자칩이 발표될 때까지 양자컴퓨터에 대한 관심과 열기가 식을 줄 몰랐죠. 가장 최근에는 아마존의 AWS도 양자컴퓨터를 도입한다는 발표를 하였죠."

"하지만, 2025년에 들어서자 상황이 180도 바뀌기 시작했죠. 1월 7일 54달러를 마지막으로 젠슨 황이 CES에서 양자컴퓨터의 개발이 15년 이상 걸릴 것이라는 말을 하여 양자주들을 폭락을 시켰죠. 그 이후에도 2월 19일부터 미국의 일방적인 관세 부과와 그로 인한 침체 우려로 미국 시장이 조정을 받으며, 아이온큐는 4월 초 새로운 적정주가인 20달러까지 하락을 했죠. 5월 초에는 다시 30달러, 6월 초에는 40달러까지 올라온 상태입니다. 미국이 전 세계 거의 모든 국가에 기본 10% 상호관세 부과를 하고, 그 이상으로 미국과 흑자를 기록하고 있는 국가에 흑자액의 50%를 관세를 매기는 예상치 못한 조치로 전 세계를 공황상태로 몰고 갔죠. 제이미 다이몬드, 빌 애커만, 제레미 시걸, 래리 서머스, 폴 그루만 등 재계의 경제 지도자들도 이번 관세조치에 대해 스태그플레이션 우려를 경고하였고요. 제롬 파월을 비롯한 연준 위원들도 관세조치가 어느 정도의 인플레이션을 야기시킬지 우려를 표방하였습니다. 미국 증시도 4월 7일 20% 이상 하락하며 베어마켓으로 들어갔다 나왔으며, 아직까지도 불확실성이 지배하고 있는 상황이에요."

"3월 젠슨 황은 자체 GTS 컨퍼런스에서 양자컴퓨터 포럼을 열어 아이온큐, 디웨이브 퀀텀 등 각 양자컴퓨터 회사의 대표들을 만나 발전 상황을 논의하였어요. 그는 양자컴퓨터의 발전이 생각보다 많이 진행되고 있음을 깨닫고 그의 1월 발언을 취소하였어요. 이어서 보스턴에 양자컴퓨터 연구소를 열 것을 선언하였죠. 현재 양자컴퓨터의 총유효시장TAM은 2034년까지 162.2억 달러 규모로 커질 것으로 예상되며, 매년 31.2%씩 성장할 것으로 보이고 있어요. 2023년 양자컴퓨터 시장은 839.07백만 달러 규모입니다. 중국도 적극적으로 150억 달러 이상을 지원하며 크립토그래피, 신약개발, 인공지능에 실질적 적용을 하는 양자컴퓨터 발전에 힘을 쓰고 있어요."

양자컴퓨팅Quantum Computing이란?

우리나라에서는 양자컴퓨터라는 말을 보편적으로 사용하지만 양자컴퓨팅Quantum Computing이란 용어가 이 분야를 포괄적으로 어우르는 말이 아닐까 한다. 양자컴퓨팅은 컴퓨터학, 물리학과 수학을 망라하는 학문으로 전통적인 컴퓨터보다 더욱 빠르게 복잡한 문제를 풀어내는 양자역학을 활용한다고 볼 수 있다. 양자컴퓨터와 같은 하드웨어적 부분도 포함하고 이를 도와주는 반도체와 소프트웨어 애플리케이션을 포함한다. 슈퍼포지션Superposition과 퀀텀추론Quantum Interference 같은 양자 역학효과를 이용하여 전통적인 컴퓨터로 풀 수 없는 미지의 문제를 빠르게 풀어낼 수 있는 장점이 있다. 머신러닝과 효

용극대화Optimization 피지컬 시뮬레이션Simulation of Physical Systems에 속도를 더해줄 수도 있다. 궁극적으로는 금융과 화학, 제약, 슈퍼컴퓨터가 풀지 못하는 문제들을 해결해 줄 수 있을 것으로 보인다. 최근 D-Wave QuantumQBTS가 Peer Review논문에 이런 문제를 풀었다는 소식을 전했고, 아이온큐는 포르테 엔터프라이즈Forte Enterprise 데이터 센터를 발표하였다.

양자는 에너지원의 가장 최소 단위로 양자 역학은 이런 양자들의 행동을 연구한다. 이 양자는 우리를 둘러싼 일반적인 역학과는 다르게 움직인다. 퀀텀 컴퓨터는 기존의 컴퓨터와는 전혀 새로운 방식으로 이 양자들의 행동을 계산해내며, 나노 세계에서 유용하게 사용된다.

양자컴퓨터는 기존의 컴퓨터의 비트Bit와는 다르게 큐빗Quatum Bits를 사용하고, 전통 컴퓨터가 0과 1 사이에서 비트를 운용하여 여러 정보들을 처리하는 것처럼, 양자컴퓨터는 이런 큐빗들을 조작하며 연산처리를 하며, 큐빗을 처리하는 것이 양자컴퓨터 프로세싱 능력의 핵심이라고 볼 수 있다. 두개 이상의 퀀텀 상태를 중첩적으로 처리하는 슈퍼포지션Superposition과 두 개의 시스템이 아무리 떨어져 있어도 서로 연결되는 인탱글먼트Entanglement의 원칙들을 따른다.

양자컴퓨터는 크게 양자 하드웨어와 소프트웨어로 나뉘어진다. 양자 하드웨어는 큐빗들과 그것들을 한 곳에 모아두는 양자 데이터 측면Quantum Data Plane과 디지털 시그널을 아날로그로 전환하고 통제하는 통제 측량 측면Control and Measurement Plane, 양자 알고리즘과 운영 시퀀스를 수행하는 통제 프로세서 측면Control Processor Plane이 있다.

어떤 회사들이 있나?

엔비디아, 구글, 마이크로소프트, 아마존 모두 이 사업에 뛰어들고 있으며, 아이온큐, 리게티 컴퓨팅Rigetti ComputingRGTI, 퀀텀 컴퓨팅Quantum Computing QUBT, 아킷 퀀텀Arqit quantum, ARQQ등 중소형 회사들이 참여를 하고 있다.

아이온큐 IONQ

2015년 메릴랜드에서 설립된 아이온큐는 하드웨어 퀀텀 컴퓨터와 네트웍에 집중하고 있다. 아이온큐는 상온에서 운영되는 양자 컴퓨터를 개발하였다. 아마존 AWS, 마이크로 소프트 Azure Quantum, 구글의 Cloud Marketplace와 같은 클라우드 플랫폼을 통해 퀀텀 컴퓨터에 접근하는 것도 도와준다. 특성화된 양자컴퓨터 하드웨어 시스템의 디자인과 개발, 제작과 판매와 관련된 계약도 맺어가고 있다. 2025년 4월 현재 407명의 직원을 고용하고 있다. 2025년 현재 매출은 85.4백만 달러로 작년 동기 대비 98.1%가 성장하였고, 2030년까지 10억 달러의 매출을 달성할 것으로 예상되고 있다. 주당순이익은 현재 마이너스 1.15달러이고, 2030년 이후에 흑자전환할 것으로 예상된다. 2025년 1분기 현재 총수익은 22.7백만 달러이며, 총수익 마진은 52.77%를 기록하고, R&D 비용으로 135.2백만 달러를 사용하며, 다른 운영비용 232.5백만 달러를 쓰며 232.5백만 달러의 운영적자를 내고 있다. 현재 시총은 49.4억 달러이며, 총자산은 508.4백만 달러로 총부채 124.5백만 달러보다는 높다. 아이온큐의 적정주가는 2025년 1분기 현재 20달러를 보고 있다.

디웨이브 퀀텀 D-Wave Quantum; QBTS

캐나다, 미국 시애틀, 팔로알토, 일본, 영국에 사무실을 두고 있으며, 1999년에 설립된 양자컴퓨팅 쪽에서는 가장 오래된 회사이다. 주로 양자컴퓨팅 시스템, 소프트웨어를 개발하고 전 세계에 서비스를 제공한다. 최근 독일 쪽에 서비스를 제공하며 주목받고 있는 회사이다. 디웨이브 퀀텀은 Advantage와 Advantage 2 퀀텀 컴퓨터를 제공하고, Ocean이라는 오픈소스 파이톤을 제공하고 라이브 퀀텀 컴퓨터와 Advantage에 실시간 접근을 제공하는 클라우드 서시브도 제공한다. 양자컴퓨팅 데모와 훈련 자원과 개발자 커뮤니티도 운영하며 양자컴퓨터 하이브리드 앱도 개발한다. 2025년 4월 현재 218명의 직원을 고용하고 있으며, 시총은 18.5억 달러이다. 2025년 매출

22.3백만 달러로 2030년에 200백만 달러가 전망된다. 현재 주당순이익은 -20센트이고 2029년에 1센트로 흑자 전환할 것으로 예상된다. 현재 총수익은 5.6백만 달러, 총수익 마진은 63.02%를 기록하고 있고, R&D 비용은 35.3백만 달러, 운영 비용은 82.8백 달러로 운영 수익은 마이너스 77.2백만 달러를 기록하고 있다. 앞으로 매출은 58.8% 증가할 것으로 예상된다. 2025년 1분기 현재 적정주가는 6.5달러를 보고 있다.

리게티 컴퓨팅 Rigetti Computing; RGTI

리게티 컴퓨팅은 2013년에 설립된 캘리포니아 버클리에 본부를 둔 양자 반도체 회사라고 볼 수 있다. 양자컴퓨터와 슈퍼컨덕팅Superconducting 퀀텀 프로세서를 제조한다. 클라우드 서비스를 양자 처리 유닛, 큐빗의 형태로 제공한다. Novera QPUQuantum Processing Units 하에 9 큐빗 칩 체계, 84 큐빗 Ankaa-3 시스템과 같은 상품이 그 예이다. 제공하는 퀀텀 클라우드 서비스는 프로그래밍, 클라우드 통합, 연결, 퀀텀 시스템 소프트웨어 등을 포함한다. 알고리즘 개발, 벤치마킹, 퀀텀 애플리케이션 프로그래밍, 소프트웨어 개발도 한다. 상업용 정부용 국제기구용 등 다양한 클라이언트에게 서비스를 제공하며 미국과 영국에서 활동하고 있다. 현재 139명을 고용하고 있고 시총은 21.4억 달러이다. 2025년 현재 매출은 140만 달러가 예상되며 2030년까지 2350만 달러가 예상된다. 주당순이익 마

> 이너스 15센트로 2029년 이후에 흑자전환이 예상된다. 총수익은 5.7백만 달러로 총마진은 52.8%를 기록하고 있다. R&D비용 49.8백만 달러에 운영수익은 68.5백만 달러 적자를 보고 있다. 2025년 1분기 현재 적정주가는 7.5달러로 보고 있다.

소프트웨어 Software as a Service SaaS

"교수님 요즘 팔란티어가 핫한데 여기에 대해서 조금 설명해주실 수 있나요?" 안동에서 요즘 산불이 나서 피해를 많이 입으신 제3병원 님이 물으셨다.

"4차산업혁명의 최선두에 서 있는 사스**SaaS; Software as a Service**에 대한 이해가 먼저 되어야 할 것 같네요. 기존에는 다운로드를 받아 소프트웨어를 설치하여 사용하였다면, 이제는 소프트웨어를 인터넷상에서 웹브라우저를 통해 직접 사용하는 것이지요. 이미 기존 데이터 센터와 서버를 운영하며, 보안 업무와 업데이트를 하며 다양한 서비스를 제공하는 회사들의 웹상의 클라우드 기반 위에 다양한 애플리케이션을 통해 사용자들은 웹상에서 모든 작업을 할 수 있게 됩니다. 예를 들면 기존에는 마이크로소프트의 워드를 컴퓨터에 설치하여 사용하였다면, 이제는 인터넷에 접속하여 구글 크롬과 같은 웹브라우저에서 직접 워드 작업을 진행하게 됩니다. 우리가 자주 이용하는 Gmail, Dropbox등도 비슷한 사스 개념입니다. 이렇게 되면 시공간을 뛰어 넘어 언제 어디서든지 인터넷만 연결된다면 스마트폰, 패드, 컴퓨터를 통해 일을 할 수 있게 됩니다. 모든 것이 구름이라는 뜻의 클라우드Cloud 위에서 진행되죠. 사용자들은 옛날처럼 소프트웨어를 CD로 구매하거나 다운로드받지 않고, 월별로 또는 매년 구독료를 지급하며 사용하는데, 회사들은 구독료를 통해 수익창출을 하게 됩니다. 회사 고객들은 사용자 숫자, 거래 횟수, 저장규모 등을 고려하여 비용을 내게 됩니다. 구독자들은 수많은 컴퓨팅 소프트웨어들을 효율적으로 제공받게 되며, 회사들은 규모의 경제를 달성하며 비용을 절감할 수 있게 됩니다."

"머신 러닝Machine Learning을 넘어서서 최근에 등장한 생성형 인공지능Generative AI는 사스를 둘러싼 환경을 변혁시키고 있습니다. 인공지능 비서AI Agent들이 탑재되며 정보처리, 리즈닝Reasoning, 추론화Inference, 결정Decision-Making까지 도와주며 사용자들의 업무들을 더욱 손쉽게 도와주고 있죠. 생성형 인공지능은 사용자들이 소프트웨어를 클라우드 위에서만 사용하는 편리함만 주는 것이 아니라 자동화Automation가 되면서, 파워포인트 발표자료, 엑셀자료, 데이터 정리와 분석을 통한 보고서 작성, 사진과 영상 제작, 코드작성, 소프트웨어 개발 등 다양한 일을 대신하여 해주기 시작하였습니다. 심지어는 블로그와 소셜미디어 댓글도 대신 작성해줍니다. 운영 효율성을 높여주면서 비즈니스 모델에 혁신을 가져오고 있습니다. 전통적인 제조업을 로봇이 대체해 왔듯이, 서비스업도 인공지능이 대체하며 수작업의 부담감을 현저히 줄여주고 있습니다. 당연히 사용자들에게 극도로 개인화된 경험을 제공합니다. 맞춤형 고객 서비스가 제공되는 것이지요.

이러한 사스를 제공하는 회사들 중 대표적인 회사가 한국인들이 많이 투자하고 있는 마이크로소프트, 아마존, 오라클, 구글, SAP(독일), IBM, ServiceNow, 시스코, 텐센트(중국), 세일즈포스, 팔란티어, 스노우 등입니다. 이들을 채택한 산업분야는 IT, 제약, 교육, 소매, 제조업 등 다양합니다. 2025년 기준 사스의 유효시장은 3156.8억 달러이며, 2032년까지 1.1조달러 시장으로 확장되며, 매년 20%씩 성장할 것으로 보입니다. 2024년까지 가장 선두에 서있는 것은 북아메리카로 1274억의 시장점유율을 차지하고 있고, 이미 90% 정도의 기업이 클라우드 기반의 서비스를 채택하였고, 79%의 기업이 CRM, 인사관리, 회계 등의 애플리케이션을 사용하고 있습니다. 2023년까지도 이미 73%의 조직에서 사스를 사용하고 있고, 이는 점차 확대될 것으로 보여집니다.

사스 기업들에게는 '40의 법칙 Rule of 40'이라는 것이 있는데, 건강한 사스기업은 매출 성장률과 에비따 EBITDA 수익마진이 40%를 넘어야 건강한 기업이라고 보고 있습니다. 예를 들면 팔란티어는 2025년 1분기 현재 83%를 기록하고 있는

데, 회사가 잘 운영되고 있다는 것을 보여줍니다.

전문가들은 2026년까지 최소 70%의 사스 회사들이 인공지능을 이용한 자동화를 채택할 것이라고 예상하고 있습니다. 아마존은 이를 위해 1040억 달러, 마이크로소프트는 800억 달러, 구글은 750억 달러, 메타는 600억 달러 테슬라는 110억 달러의 자본투자Capex를 발표한 상태입니다. 마이크로소프트가 최대 주주로 투자하고 있는 생성형AI의 대표주자는 오픈AI[Open AI]이며 현재 4억 명 이상의 사용자를 보유하고 있습니다. 오픈AI는 스타게이트Stargate프로젝트를 통해 5000억 달러나 되는 돈을 투자하여 2026년까지 64,000개의 엔비디아 GPU를 사용하여 미국 전역에 데이터 센터를 짓고 있는 중입니다."

팔란티어

"교수님 그러면 팔란티어에 대해 어떻게 생각하시는지 조금 자세히 얘기해 주세요." 눈팅만 하던 대구에 사는 눈팅 님이 물어보셨다.

"빅테크와 중국의 텐센트, 독일의 SAP를 제외한 최근에 떠오르는 사스기업이 팔란티어입니다. 조금 과열되긴 했지만 2025년 5월 현재 시총 2768억 달러로 시총 2642억 달러의 전 세계 순위 40위의 세일즈포스를 넘어 전 세계 37위까지 올라 있는 상태입니다.

제가 팔란티어를 접한 것은 2022년입니다. 팔란티어가 30달러 안팎에서 움직이고 있을 때 적정주가를 20달러 정도로 보고 지켜보고 있었죠. 2022년 증시가 폭락하며 2023년까지 팔란티어는 6달러대까지 떨어졌습니다. 하지만 2023년부터 불어온 생성형 인공지능의 모멘텀을 타고 팔란티어도 오르기 시작하였고, 저도 팔란티어를 조금씩 매집하기 시작하였습니다. 2024년이 되자 팔란티어는 결국 적정주가 20달러를 넘어서서 2024년 11월5일 미국 대선 발표 전, 40달러까지 상승을 하였습니다. 증시가 좋았던 2025년 2월 19일까지 정부 효율성을 중시하는 트럼프 행정부의 수혜를 입을 것이라는 기대와 전 세계 지정학적 불안으로 이스라엘을 포함한 각국 정부가 팔란티어와 협력을 이어가며 팔란티어의 실적도 2년간 200% 가까이 상승하였습니다. 2025년 1분기 현재 미국 매출이 작년동기대비 55%가 성장하여 6억 2천 8백만 달러를 기록하고 상업용 매출이 71% 성장하여 2억 5천 5백만 달러 였고, 정부 매출이 45% 성장하여 3억 7천 3백만 달러였습니다. 한 분기에만 백만 달러에서 천만 달러 이상까지 139개의 추가 계약을 따냈습니다.

따라서 적정주가도 꾸준히 상승하며 결국 주가도 125%까지 크게 상승하였고, 4월 폭락장으로 66달러까지 하락하였지만, 5월에 125달러까지 다시 반등하였습니다. 저도 중간중간 열매를 따며 수익을 실현하였습니다.

콜로라도 덴버에 위치하고 CEO인 알렉스 카프Alexander C. Karp와 피터 틸Peter Thiel 등에 의해 2003년에 세워진 팔란티어는 파운드리Foundry라는 상업용 서비스를 통해 기업들과 정부에 아마존AWS, 마이크로소프트, Azure, 오라클, GCP 등의 클라우드를 통해 미국, 캐나다 유럽, 일본, 호주, 브라질 등에 인공지능 사스 서비스를 제공하고 있습니다. 아폴로 Apollo 시스템은 고객이 어느 환경에서든지 인간의 개입 없이 지속적인 소프트웨어 운영을 가능하도록 딜리버리Delivery 시스템을 운영하며, 데이터 암호화, 애플리케이션 조사 등을 도와줍니다. 팔란티어는 대규모 언어모델LLM; Large Lanugage Model을 이용해 업그레이드된 인공지능 솔루션을 제공하고 있습니다.

팔란티어는 각국의 정부를 주 고객으로 하며 국방을 도와주는 군사용 인공지능 소프트웨어 회사이기도 합니다. 미국을 포함한 세계에서 주로 반테러 조사와 첩보 활동을 도와주는 고담Gotham 소프트웨어 플랫폼을 구축하고 배치 업데이트하는 서비스를 제공합니다. 세계 정보망으로부터 모아진 정부 데이터셋 안에 숨겨진 패턴들을 파악하고, 애널리스트들과 사용자들의 수작업을 인공지능을 이용해 효율적으로 바꾸어 주고, 플랫폼내에 위협이 존재하는 경우에는 운영자가 계획을 세워 적정하게 대응하도록 도와줍니다."

팔란티어의 2025년 주당 순이익은 58센트로, 2026년 73센트로 25% 성장하고, 2027년 96센트로 31%, 2028년 1.49달러로 55%, 2029년 2.04달러로 36%, 2030년 2.70달러로 32% 성장할 것으로 보여집니다. 매출은 2025년 38억 달러, 2026년 49억 달러, 2027년 65억 달러, 2028년 91억 달러, 2029년 120억 달러, 2030년 157억 달러가 예상되고 있습니다. 2025년 현재 퍼는 201.54로 매우 높은 편이며, 지금의 성장률로는 2027년까지 122로 밖에 안 낮아질 것으로 보입니다. 2025년 현재 적정주가는 56~80달러로 보입니다. 목표주가는 2025년 100달러, 2026년 125달러, 2027년 140달러 정도로 기대하고 있습니다.

빅텍을 제외한 다른 비슷한 업무의 사스 기업들과 비교하면 비슷한 시총의 세일즈 포스 CRM; Salesforce와 비교가 될 수 있습니다. 팔란티어는 현재 4001명을 고용하고 있고, 세일즈 포스는 76,453명을 고용하고 있습니다. 2025년 현재 세일즈 포스의 퍼는 24.68이고 2027년까지 19.02로 내려갈 것으로 보여 팔란티어보다 현저히 낮습니다. 하지만 팔란티어가 성장률 면에서는 더 높은 편입니다. 세일즈포스는 매출이 향후 5년간 17.25% 성장할 것으로 보이지만, 팔란티어는 30.90% 성장할 것으로 보입니다. 독일의 SAP가 4.66%가 나오는데, 미국 기업들이 이 분야에 있어 성장이 더 빠른 것을 볼 수 있습니다. 마진율은 사스기업들이 높게 나오는데 팔란티어가 2025년 현재

80.01%이며 세일즈포스는 77.19%입니다. 팔란티어의 총수익은 24.9억 달러, 세일즈포스의 총수익은 292억 달러, 팔란티어의 매출은 31.2억 달러, 세일즈포스는 379억 달러로 세일즈포스가 현재 10배 이상 매출 및 수익이 큽니다. 세일즈포스는 다우지수에 편입되어 있고, 팔란티어는 S&P500지수에만 편입되어 있습니다.

팔란티어는 23.6억 주, 세일즈포스는 9.594억 주가 발행되어 있습니다. 팔란티어의 적정주가는 56달러에서 80달러이고, 세일즈포스의 적정주가는 289달러 플러스 마이너스 5%로 보입니다. 팔란티어는 2025년 현재 현금 54.3억 달러, 세일즈포스는 140억 달러를 보유하고 있습니다.

휴머노이드와 노동의 종말

"교수님 앞으로의 미래는 어떻게 될까요?" 나는 내가 살아갈 남은 70여 년의 인생이 걱정되어 마지막 질문을 던졌다.

"4차산업혁명이 그 이전 어느 혁명들과 다른 점은 인간의 삶을 향상시키기만 하는 것이 아니라 인간의 노동을 대체하는 데 있어요. 오그멘티드 인텔리전스**Augmented Intelligence**와 오토메이티드 인텔리전스**Automated Intelligence**는 인간을 도와 분석을 해주고 노동력을 향상시키는 데 목적이 있지만, 결국에는 독립적으로 자립을 하게 되며 인간의 일자리를 대체하고 노동을 대체하기 시작할 것이에요. 슬라브어로 노동이라는 뜻의 로봇과 그들의 뇌라고 할 수 있는 인공지능의 발전이 이런 시대의 흐름에 중심에 서 있죠. 그런 의미로 새로운 시대에 맞춘 인간의 새로운 역할도 새롭게 정의될 필요가 있어요.

로봇은 산업용 로봇과 휴머노이드 로봇으로 구분 지을 수 있죠. 산업용 로봇은 이미 막대하게 커져 2024년에 시장 규모가 207.6억 달러에 달했고, 2033년까지 매년 9.4%의 성장률을 보이며 466.1억 달러 시장으로 성장할 것으로 보여집니다. 자동화, 스마트 제조업**Smart Manufacturing**, 4차 산업화 **Industry 4.0**, 두뇌라고 볼 수 있는 인공지능의 발달로 그 성장 속도가 가속화될 것으로 보입니다. 물론 세계 경제 질서와

구조도 재편되고 있다고 볼 수 있습니다. 세계의 공장이라고 불리는 중국과 동남아의 제조업들이 심각한 위기에 직면했다고 볼 수도 있죠. 이제는 미국 등 노동가치가 높은 시장으로 제조업 공장들이 옮겨가도 로봇을 사용하여 노동력을 대체하면 되기 때문에 큰 문제가 되지 않는 시대가 다가오고 있습니다. 현대, 삼성, TSMC, 배터리 기업 등이 미국으로 공장을 지으며 투자를 늘릴 수 있는 이유가 여기에 있다고 볼 수 있습니다."

"교수님 그러면 휴머노이드 시장은 어떻게 보세요? 어떤 주식이 좋을까요?" 잘 웃을 것 같은 월계동의 벙그리 님이 물었다.

"2025년 들어 가장 각광을 받고 있는 산업이 휴머노이드 Humanoid, 즉 인간형 로봇입니다. 산업용 로봇들이 대부분 고정되어 공장이나 사업체 같은 특정 장소에서 특정 프로그램에 의해 운영되는 데 반해, 휴머노이드 로봇은 훨씬 더 물리적으로 자유롭습니다. 보통 머리와 두 팔, 두 다리를 가지고 있는데, 두 다리를 이용해서 자유롭게 공간을 움직이고 다닐 수 있습니다. 눈과 같은 카메라가 머리에 달려 있고, 자유롭게 집, 회사, 공장, 거리 등에서 공간의 제한 없이 자유롭게 움직입니다. 또한 최근 인공지능 라지 랭귀지 모델 Large Language Model; LLM의 발달로 빅 데이터에 기반을 두고 인간 이상의 연산처리를 하며 실생활에 적용이 되는 피지컬 AIPhysical AI의 시대가 도달했습니다. 로봇들의 두뇌가 발달하며 함께 산책도 하고, 춤을 추며, 공장에서 물건들을 나르고, 집에서 청소도하고, 길거리에서 배달도 하고 있습니다. 여기에서 인공지능이 더 발전하여 소위 슈퍼지능이라고 불리는 범용인공지능Artificial General Intelligence가 발전한다면 하나의 로봇이 청소, 산책, 요리, 생산, 배달 등 인간사의 모든 일들을 처리할 수 있게 되죠. 지금은 약 20~30년 정도 걸린다고 예측이 나오고 있는데, 특이점Singularity을 지나게 되면 기하급수적으로 발달하게 될 것입니다. 그때가 되면 그야말로 인류의 종말이라는 부정적인 말들이 더 각광을 받게 되겠죠."

"2025년 현재 휴머노이드 시장은 28.2억 달러로 아직 작지만, 2030년까지는 152.6억 달러의 시장으로 매년 39.2%의 성장률을 보여줄 것으로 보입니다. 모건 스탠리는 2050년까지 5조 달러 규모의 시장으로 클 것이라는 예측도 하였습니다. 이 휴머노이드 시장에서는 미국의 휴머노이드 로봇 회사들이 가장 선두에 서 있습니다. 테슬라의 옵티머스Optimus는 올해 몇 천 대씩 생산되어 실제 공장에 배치된다고 알려져 있고, 마이크로소프트, 오픈에이아이, 엔비디아, 아마존의 제프 베이조스가 투자하는 Figure 2로봇은 BMW 공장에서 일을 하고 있습니다. 현대가 투자하고 있는 보스턴 다이나믹스는 아틀라스Atlas를 곧 현대 자동차 공장에 배치하겠다고 발표하였습니다. 미국을 바로 뒤에서 추격하는 나라는 중국입니다. 특히 유니트리Unitree는 인공지능이 탑재된 G1 로봇을 몇 천만 원도 안 되는 가격으로 이미 팔고 있으며, 곧 대량생산 단계로 넘어갈 것이라고 발표했습니다.

이 휴머노이드 시장은 아직은 수익이 나고 있지 않지만 성장하는 초기에 있다고 볼 수 있습니다. 치열해지는 경쟁에서 누가 살아남을지는 시간이 지나면 알 수 있겠지요. 따라서 BOTZ 같이 수십 개의 로봇 기업회사들에 투자를 하는 ETF에 투자를 하는 것이 더 좋아 보입니다. 2025년 1분기 현재 적정주가는 32달러 정도로 보여집니다."

교수님은 여느 때처럼 "낭만이란 배를 타고 떠나갈 거야~ 아무것도 모르지만 우린 괜찮을 거야~"하고 노래를 부르시며, "여러분 가정에 사랑과 평강이 넘치시길 기도합니다! 좋은 하루 되시고 좋은 밤 되세요~" 하고 방송을 끝내셨다. 교수님의 축복을 받는 것이 나의 하루의 시작이며 그날을 살아가는 기쁨과 희망의 원동력이다. 방송을 보며 집을 나와 운전을 하며 마지막 부분을 듣다 보면 어느새 로펌 앞에 도착을 해 있다.

마지막 일기

조금씩 더워지고 있다. 야자수 사이로 비추는 햇빛이 너무나 뜨거운 여름이다. 짧은 시간이었지만 유튜브라는 가상 세계에서 나는 반교수님과 함께하며 인생과 투자에 있어 많은 변화가 있음을 느낀다. 무너졌던 삶이었지만, 다시 시작할 수 있을 정도로 삶이 긍정적으로 변했고, 가끔은 "한 번 더 나에게 질풍 같은 용기를 어떤 상황에도 굴하지 않고" 하며 콧노래를 부른다. 반교수님이 주가 떨어지면 불러주는 노래다. 나는 "떨어지고 무너져도 다시 일어나 오를 거야" 하는 노래도 좋다. 성당에 자주 가게 되며 주님과 더 가까워졌고, 반교수님과 동행하니 외롭지 않고 고독을 즐길 수 있게 되었다. 허무했던 삶이 가득 채워지고 있는 느낌이다.

주식 투자에 있어서도 원칙이 생겼고, 전략이 생겼으며 그날그날 주가의 흐름에 일희일비하지 않게 되었다. 매일 미디어를 보며 호재 악재를 쫓지 않고, 좋은 주식을 적정주가보다 싸게 사고 그 위에서 열매 따면 되는 아주 간단하지만 중요한 비밀을 깨달았다. 기준점이 생겨 객관적인 투자를 할 수 있게 되었다. 주가창을 보지 않고도 나의 삶에 집중할 수 있게 되었고 행복하게 투자할 수 있게 되어 무척이나 만족하는 삶이다.

이제 미국의 현충일이라 불리는 메모리얼 데이**Memorial Day**가 지나면 모두 휴가를 떠나겠지. 학생들도 직장인들도 맞는 본격적인 긴 여름 휴가철. 올 여름에는 주식은 잠시 잊고, 크록스를 신고 바다에 가서 발도 담그고, 시원하게 물 속을 누비며 스쿠버 다이빙을 할까 생각하니 가슴이 두근거린다. 키라고 바다에 잠겨서 하늘을 향해 손을 벌리고 있는 4천 파운드짜리 예수 그리스도 동상을 보는 게 목표다. 이제는 행복한 투자를 하며 나의 삶에 자유와 사랑과 성장이 늘 계속되고 행복하기를 바란다.

에필로그

오늘도 여느 때처럼 아침 유튜브 라이브 방송을 끝내고 나뭇잎들이 바람에 흔들리는 창밖을 보고 있다. 봄이 한참이니 새로 나온 연둣빛 이파리들과 분홍, 보라, 주황색 봄 꽃들이 어우러져 봄단풍이 한참이다. 잠시 산책을 하러 나가 보니 곧 여름이 오려는지 햇볕이 따갑고 덥다. 결국 반바지와 반팔을 일 년 만에 옷장 서랍에서 꺼내 입었다. 나무들 사이로 부는 바람이 유난히 시원하고 기분 좋은 날을 기억하며, 나는 이 네 번째 책을 마무리하였다.

사랑하는 아내와 가족을 한국에 남겨두고 타향에서 홀로

세월을 보내며 허무하게 늙어간다는 착각을 하기도 한다. 나를 둘러싼 시간이 인간들이 만들어 놓은 크로노스Chronos 라는 달력에 따라 흘러간다고 지나간다고 착각을 하지만, 사실 변하는 것은 우리이다. 사회가 변화하고 기술이 발전하며 이전 과는 다른 새로운 환경 속에서 시간이 지나갔다고 착각하게 만든다. 사라져버린 문명과 환경을 로맨틱하게 그리워하며 눈물을 흘리기도 한다. 이러한 착각 속에서 유전자가 정해 놓은 세포는 증식을 멈추고, 계속적 사용으로 신체가 조금씩 퇴화되어 가는 것을 목격한다. 하지만, 좋은 습관을 가지고 지속적 노력만 한다면 신의 멈춰진 시간인 카이로스Kairos 속에서 육체적 정신적으로 더 젊고 건강하게 오래 살 수 있다는 것을 알고 있다. 자유로운 삶이 주는 행복감은 이루 말할 수 없다.

미투리 마을이 있고 신께서 늘 함께 하시니 외롭지도 않다. 혼자인 고독을 즐기며 유튜브를 통해 사랑을 나누고 바쁘게 성장해가는 나의 멈춰진 시간은 행복으로 가득 차 있다. 지천명이라는 오십이 넘은 나이에 본업인 교수와 변호사의 직업을 넘어 투자에 관한 책을 쓰고 교육과 힐링이라는 사명을 가지고 유튜브를 하며, 내 양들을 치라는 신이 부르신 새로운 운명의 길을 탐험하고 있다. 이 길의 끝에서 돌아보면 남들이 가지 않았던 길에서 나는 나의 삶이 많이 바뀌어 있음을 보지 않을까 한다. 나의 이 수고가 많은 이들에게 빛을 보여주고, 행복과 기쁨을 주기를 바란다.

버지니아의 마이클, 메릴랜드의 앤드류, 제이캉, 마이애미의 날으는 고양이, 뉴저지의 한국, 낭만고양이, 윌리암P, 레이첼, 이필례, 필라델피아의 아름다운세상, 조이라이프, 캘리포니아의 벨라, 스텔라장, 고고싱, 영, 제이제이, 레나, 안미유, 오뚜기, 닥터유, 하쿠나 마타타, 케이, 킴, 뉴욕의 반반, 알벗뉴욕, Y서연, 하늘색별, ABC, 아리영, 아침에라테, 상큼이, 김갑선, 라이언주식구하기, 시카고의 수잔, 영라, 병호, 정백, 프랑스의 파리주나, 샐리, 영국의 비쥬, 런던, 벨기에의 아나, 아틀란타의 제이케이 쏘소 부부, 이태리의 부지런, 필란드의 핀코, 독일의 제프리, 텍사스의 총, 투더문, 21세기, 호주의 마에스트로, 여름좋아, 딘, 시드니맘쩡, 캐나다

우영만, 초록샛별, EBS헬렌, 시애틀의 피가, 유니스, 경지, 알라바바 세상이야기, 은영, 미네소타 잰, 미시간 수, 위스콘신 HKBK맘, 일본의 허준, 후지와라, 사막여우, 채영, 중국의 진호, 한국 사시는 산비둘기, 배웅맘, 강화도그녀, 산골소녀, 요를레이, 사탕수수, 예원, 지윤, 모찌, 은정, 정원, 선, 앙드레, 은끌남환, 피터린치, JG, 행복이맘, 수보, 동파, 그냥어항, 쑥쑥이, 길피, 장태영, 여원사랑 어떤이, 대박나서세계일주, 케이프라인, 해피제니, 김봉우, 변석, 진도보석김, 다복이, 별, 스텔라, K진성, 리디아, 미야오, 씽푸우, 와룡선생, 해바라기, 요요, 조성호, 길수, 양기술사, 영재, 대구실버, 김치찌개, 라이라이 구리구리, 물타기전문, 칠리멍게, 민선비, 재근, 리차드, 퍼플카우, 웃긴줄리엣, 여수댁, 몽실, 지니, 부산갈매기, 새들처럼, 서울시민, 세이유, 길아정, 라임, 쿠쿠, 경옥, 내송, 현옥, 미정, 홍, 엘리자베스, 그레이스, 알렉포스, 클레어파파, 동행, 대전타미, 다낭좋아, 해피원, 성주, 다복이, 동행, 장미, 크리스, 북극성, 겨울이다, 우병천, 유상룡, 프라미스, 쵸비, 대니, 톨미니, 테리, 떡상, 박명자, 찐이되자, 포비앵, 치릴로, 긍정과 행복, 오진선미, 카스라이트, 라이트

형제, 로사, 이혜정, 방구대장, 꾸리, 노트르담, 종헌, 쵸코, 초코사랑, 에리엘, 각철, 정순, 서머리, 제갈량, 효현, 제니, 신, 박미영, 지연, 감사합니다, 청년회장, 이재스민, 검은외투, 데이먼, 겸둥이맘, 제리, 해수운아빠, 사오정, 정세비, 미쉘, 쪼니, 벙그리, 아따, 오태식, 쥰, 김병탁, 주식토끼, 설탕토끼, 싸이먼, 눈썰미없음, 니모아트, 김문희, 나미마미, 미투리사냥꾼, 조인수, 한다한, 녹차파운드케익, 쵸코사랑, 당근만두, 수원대발이, 몽따뉴, 리치위치윤, 피타고라스, 카사우희, 뚜루따라띠, 롱런, 무우우우, 구름빵, 항아과학, 한방마마, 아빠의노리터, 달달고니, 프랑스까끄, 합천김회장, 여수댁, 선택, 리치위치윤, 웃긴줄리엣, 신, 수수, 하워드, 봉수, 탁갑식, 시골촌장, 쿠쿠, 레이첼, 최미정, 성주, 댄싱퀸, 진도변석, 동두천지니, 신정원, 톨민이, 고덕 롱타이, 아이로즈, 레인보우로즈, 박마리스텔라, 슈퍼맨 님과 그 외 기억하지 못한 모든 미투리 마을 주민분들께 다시 한번 감사드린다.

2025년 6월
뉴저지 테너플라이에서
이주택

아들아 미국주식 이렇게 하지 마라

초판 1쇄 발행 2025년 7월 15일

지은이 | 이주택
발행인 | 홍경숙
발행처 | 위너스북

경영총괄 | 안경찬
기획편집 | 이다현, 김서희
마케팅 | 박미애

출판등록 | 2008년 5월 2일 제2008-000221호
주소 | 서울 마포구 토정로 222, 201호(한국출판콘텐츠센터)
전화 | 02-325-8901
팩스 | 02-325-8902

디자인 | 유어텍스트
지업사 | 한서지업
인쇄 | 영신문화사

ISBN 979-11-89352-92-9 (03320)

* 책값은 뒤표지에 있습니다.
* 잘못된 책이나 파손된 책은 구입하신 서점에서 교환해 드립니다.
* 위너스북에서는 출판을 원하시는 분, 좋은 출판 아이디어를 갖고 계신 분들의 문의를 기다리고 있습니다.
winnersbook@naver.com | Tel 02-325-8901